弁護士の営業戦略

「顧問契約」を極めることが営業の真髄

弁護士の戦略シリーズ
〈第３巻〉

髙井 伸夫［著］
Takai Nobuo

発行 民事法研究会

はしがき〜顧問契約を極めることが、企業弁護士の真髄である

「弁護士の戦略」シリーズは、２０１７年に1作目の『弁護士の経営戦略』を、２０１８年に2作目の『弁護士の情報戦略』を刊行してきました。本書『弁護士の営業戦略』は、同シリーズの3作目かつ最終巻となります。

1作目の『弁護士の経営戦略』では、弁護士事務所の経営の要諦を、２作目の『弁護士の情報戦略』では、新説を創造し発表し続けることの大切さについて記しましたが、今作では顧問契約に焦点を絞って、57年の弁護士生活と47年の事務所経営を通して私が得た知見を述べています。

振り返ってみると、私が弁護士を志したのは、私の父親が名古屋で弁護士として活動していたからでした。大学卒業後、私も弁護士になりましたが、父親の事務所を継ぐつもりはなく、東京で活動することを心に決めていました。

そのことを父に伝え、話し合った結果、かつて父が師事した東京の孫田秀春先生の事務所、孫田・高梨法律事務所にお世話になることになったのです。

修業を終えても名古屋に戻る気はなく、当初から、将来は東京で独立したいと考えていたので、独立してもやっていけるだけの弁護士技術を身に付けなければいけないと思い、孫田先生

の下で必死に勉強しました。

私は元来文章を書くことが得意ではないのですが、勉強した成果を論稿や書籍とすることを期して取り組んでいたところ、当時日本経営者団体連盟が刊行していた『労働経済判例速報』に「団体交渉覚書」という連載を持つことができました。それが当時の社団法人長野県経営者協会の専務理事であった西原三郎氏の目に留まり、連載途中にもかかわらず、西原氏がまとめて1冊の小冊子を作成してくださったのです。

小冊子を作製したことが契機となって少しずつ自信がつき、文章を書くことにも慣れて、気が付けばいつの間にか50冊もの書籍を刊行するに至りました。

私は、文章を書くことで、種々の事柄に関する自分の考えを固めていったのですが、そういった意味において、私の弁護士活動は、執筆活動と表裏一体を成していたといってよいでしょう。執筆活動は私に向上心を持たせることにもつながりました。執筆の経験を重ねるごとに、自分は弁護士としてもっと成長できるのではないかと意識するようになったのです。

弁護士になってから10年後の、１９７３年に独立し、高井伸夫法律事務所を開設しました。当初細々と始めた私の事務所は、今では３００社以上の顧問契約を有し、顧客の皆様に満足いただける仕事をするために、弁護士等が日々精進しています。

このようにして企業弁護士として長年活動する中で、私の心の中に一つの理念ができあがりました。それは、「顧問契約を極めることが、企業弁護士としての真髄である」というものです。

　詳しくは本書の中で述べていきますが、顧問契約を得て、それを長きにわたって継続するためには、法律的な知識を有し、案件を処理する能力に長けているのはもちろんのこと、人間的な豊かさや強靱な精神、相手を気遣う親切心など、実にさまざまな資質を備えた、総合的に優れた弁護士でなければいけません。つまり、顧問契約の獲得・継続に長けているということは、企業弁護士として営業を極めていることの証しといえるのです。私はそういう弁護士になることを目標として、試行錯誤しながら邁進してきました。

　本書では、顧問契約とはどういったものか、依頼者は顧問契約に何を求めているのか、弁護士は顧問契約を結んだらどういったサービスを提供すべきなのかという顧問契約の性質について一般社会・依頼者・弁護士の多角的な視点から解説したうえで、顧問契約を獲得し、継続するための方策や、それらを突き詰めた先に得られる依頼者との信頼関係、弁護士として辿り着く到達点について、私の経験を基に詳細に書き記しています。

　弁護士のみならず、士業の方は、本書を読めば、顧問契約の何たるかを理解していただけるものと思います。

　また、弁護士に依頼する側である企業の方も、本書を読んで、弁護士と顧問契約を結ぶことで得られるメリットや弁護士が顧問契約について抱いている思いを正しく理解していただくことで、今後、顧問弁護士とより良い信頼関係を築き、最高のサービスを受けられるようになるでしょう。

2020年5月現在、新型コロナウイルス感染症（COVID－19）の拡大により、日本のみならず世界中が先の見えない不安定な状況にあります。しかし、士業と企業の皆様が、互いに信頼・協力し、企業の発展および社会貢献という共通の目標を達成することに注力すれば、必ずやこの苦境を乗り越えることができるでしょう。そのために本書が少しでもお役に立てれば、企業弁護士としてこの上なくうれしく思います。

2020年5月

髙《たか》井《い》伸《のぶ》夫《お》

【高井伸夫　略歴】

1937年5月　愛知県名古屋市にて誕生
1961年3月　東京大学法学部卒業
1963年4月　弁護士登録（第一東京弁護士会）
　　　　　　孫田・高梨法律事務所入所
　　　　　　新日本窒素肥料㈱の労使案件、㈱東京十二チャンネルプロダクション（現㈱テレビ東京）や東映㈱京都太秦撮影所のリストラ案件等を担当。当時東大闘争と並んで学生運動の頂点だった日大紛争の弁護団に参加し、大衆団交の回答書の作成を担当する
1970年3月　日本大学K専任講師事件で反対尋問を行い、高く評価される
　　　　　　『労働経済判例速報』にて「団体交渉覚書」の連載を開始（1972年11月まで）
1972年4月　長野県経営者協会より依頼を受けて右連載の一部を『団体交渉の円滑な運営のための手引　交渉担当者の法律知識』として刊行
　　　　　　青山学院大学非常勤講師となる（1985年3月まで）
　　　12月　孫田・高梨法律事務所退所
1973年1月　高井伸夫法律事務所設立

1977年　ニチバン事件を担当。ニチバン㈱の再建に尽力する
1979年8月　第一法規出版より『労使関係の原理と展望』を刊行
1984年4月　『労働新聞』で「精神健康管理入門」の連載を開始（同年12月まで）
1987年9月　有斐閣より『人事権の法的展開』を刊行
1993年5月　第一法規出版より『企業経営と労務管理』を刊行
1999年5月　高井伸夫法律事務所上海代表処設立
2001年9月　㈶日本盲導犬協会理事長に就任（2003年9月まで）
2004年12月　日本無線㈱の地位確認等請求事件の反対尋問を最後に法廷に立つことから退く
2006年10月　高井伸夫法律事務所北京代表処設立（2017年6月まで）
2010年1月　事務所名を高井・岡芹法律事務所に変更。同事務所の会長に就任
2013年4月　NPO法人キャリア権推進ネットワーク監事に就任（2018年6月まで）
2017年5月　民事法研究会より本シリーズ1巻目『弁護士の経営戦略』を刊行
2018年10月　民事法研究会より本シリーズ2巻目で高井50冊目の著書となる『弁護士の情報戦略』を刊行
2019年5月　「『キャリア権』法制化を目指す会」代表者として『週刊新潮』に意見広告を掲載（継続中）

『弁護士の営業戦略』

目　次

第1章　顧問契約とは何か

第2章　顧問契約の獲得

第3章　顧問契約の継続

第4章 顧問契約を超えて

第1章 顧問契約とは何か

1 なぜ弁護士は顧問契約を結ぶのか

顧問契約は、弁護士の存在価値そのものに由来する

◆弁護士には社会に貢献する義務がある

アメリカ合衆国の第35代大統領ジョン・F・ケネディは、1961年1月20日の大統領就任演説で、国民に次のように呼びかけました。「国民諸君よ。国家が諸君のために何ができるかを問うのではなく、諸君が国家のために何ができるのかを問うてほしい」。ケネディ家では「公職を通じた社会貢献」を代々伝統としているそうですが、この言葉には、ジョン・F・ケネディが教えを受け、引き継いだその精神が根底にあるように思います。

弁護士もまた、国民に対して、会社に対して、社会に対して、そして国家に対して何ができるかということを追求すべきであって、何をしてもらえるか、ということを問うべき職業ではないと私は思っています。

弁護士法第1条には、以下のように記されています。

（弁護士の使命）
第1条 弁護士は、基本的人権を擁護し、社会正義を実現することを使命とする。
2 弁護士は、前項の使命に基き、誠実にその職務を行い、社会秩序の維持及び法律制度の改善に努力しなければならない。

続く第2条は以下のとおりです。

（弁護士の職責の根本基準）
第2条 弁護士は、常に、深い教養の保持と高い品性の陶やに努め、法令及び法律事務に精通しなければならない。

また、弁護士が職務を行う際に着用を義務づけられている弁護士バッジには、ひまわりの花びらの中にギリシア神話の女神テミスの象徴物である天秤が彫刻されていますが、ひまわりは「自由と正義」を、天秤は「公正と平等」を意味しており、弁護士がこれらを追い求めるべき職業であることを表しています。

弁護士の皆さんの中には、司法試験を志したとき、また、司法修習生考試に合格し晴れて弁護士となったとき、胸に大志を抱きこの条文を見つめ、また弁護士バッチを初めて手にしたとき、襟を正す思いで身に着けた人も少なくないのではないでしょうか。私が弁護士になったのも、偽証をしないで、すなわち真実を語って事を成し得ようと考えたからでした。正しいことを言えば社会正義にいくらかでも貢献できると考え、使命感を抱き、弁護士になったのです。

日本という国は、法律によって国全体の秩序づけがなされている法治国家です。法治国家にあっては、法律の専門家である弁護士の意見が尊重され、重要視されることになります。そのような社会においては、弁護士は弁護士活動そのものが正義の実現であるという意識を持って業務に臨むべきです。そうしてこそ、弁護士法に規定されている弁護士の社会的意義が存分に発揮できることになります。

◆社会的責任と私心のバランスをとる

しかし、そうは言っても、弁護士も報酬を得なければ活動していくことができませんし、当然私心もあります。そこで、弁護士に要求される社会的責任と私心とをいかに調和させていくのかが肝要となるのです。

本書のテーマとなっている顧問契約の締結はこの私心の表れの一つですが、しかし、顧問契約に基づく弁護士活動においても、弁護士は「社会正義の実現」という一点を見つめて行動し続ける必要があります。そうすれば、顧問契約という枠組みの中でなされる弁護士活動であっても、社会貢献につながる成果を達成することが可能となるのです。

弁護士となった後、自分の正義を実現するために、私は粉骨砕身仕事に取り組んできました。単に目の前の仕事を一生懸命こなすということではなく、常に根底に今自分が取り組んでいる仕事が直接的ではなくても社会正義につながるという意識を持ち続けていたからこそ、大変な仕事でもどうにかして乗り越えることができたのです。

私が好きな言葉に、京セラ株式会社や第二電電株式会社を創業し、日本航空株式会社の再建に貢献した実業家の稲盛和夫氏の行動哲学である「動機善なりや、私心なかりしか」というものがあります。これは、大きな夢を描き、それを実現しようとするとき、自らに「その動機は善なのか」ということを問わなければならない、そして、仕事を進めていくうえでは、「自己中心的な発想で仕事を進めていないか」を絶えず点検しなければならない、という意味の言葉です。

弁護士もこの言葉を胸に抱き、社会に貢献できる存在となることを指標として、日々歩みを進めていくべきでしょう。

依頼者が欲している法的助言は、クイックレスポンスと正確かつ最新の情報である

◆迅速なレスポンスは顧客を呼ぶ

日本の人口は現在減少傾向にあり、2110年には現在の人口の2分の1以下、6000万人余りになるとの予測が出ています（国立社会保障・人口問題研究所による推計）。人口の減少が進むと当然、弁護士の仕事も減少していくことが予測されます。これからは、今までの時代の「総資本対総労働」といった大紛争はなくなり、弁護士は小さい仕事を数多くこなしていくことが求められるようになるでしょう。小さい仕事だから対応できない、忙しいから手を付けられない、などという態度では、弁護士事務所は立ち行かなくなります。「総資本対総労働」の時代に弁護士として育った私としては、少々心許ない気もしますが、これからの弁護士は、小さな事件についても積極的に獲得しにいき、細かく綿密に対応していかなければならないのです。

そのような時代に依頼者が弁護士に求めているものは何かというと、まずクイックレスポンスが挙げられます。

これを満たすために、24時間営業の弁護士事務所というのも検討する価値はあるでしょう。昨今では、グローバル化がますます進み、外国の会社と仕事をすることも珍しくなくなってきました。24時間体制で働けば、外国の会社を相手とする案件にリアルタイムで対応可能になりますから、他の事務所に差をつけて簡単に業績を伸ばすことができるでしょう。

また、依頼者の中には、いつでも相談に乗ってくれる駆け込み寺のような事務所を欲する人がいます。そういう人は、24時間対応で時間を惜しまず仕事をしてくれる、コストパフォーマンスの良い弁護士を選びます。駆け込み寺となる弁護士は、それこそ、ありとあらゆる事象について相談に乗らなければなりません。法律的な問題のみならず、管理的な問題にも対応しなければならなくなることもあるでしょう。「何でも相談を受け入れますよ」ということを依頼者に日頃から明言しておくとよいでしょう。

24時間営業としないでも、弁護士が依頼者からの相談に素早く回答することは非常に大切です。クライアントは、弁護士に優先的に対応してもらえることを期待して、顧問契約を結んでいるのです。そして、トラブルが生じた際には、早期に相談をして早急に解決したいという希望を持っています。忙しいから応じられない、手が回らないから後回しにする、といった態度では顧問契約はいずれ切られるでしょう。昨今のスピード化社会において来週行おうとか、来月行おうとか考えるのはとんでもないことです。明日やるというのですら間違いです。今日、今やるということが大切です。そうでなければ、激化する競争に乗り遅れてしまいます。クライアントには、お得意様として迅速かつクオリティの高いサービスを提供することを旨としましょう。素早い対応があってこそ、クライアントは安堵し、顧問契約を結んだ甲斐があったと思うでしょう。

◆先を読んだサービスで信頼を勝ち取る

また、弁護士はクライアントに対して、事前に情報を提供し、早めに危険を察知させる義務があります。弁護士はクライアントから具体的な相談事由がないときでも、有用な情報をクライアントに提供できるよう心がけることが大事です。

そのためには、クライアントの現況を把握し、クライアントが欲している情報や、後々問題となりそうな事柄を常日頃から意識しておかなくてはなりません。そしてクライアントに必要な情報を手に入れたら、すぐに報告し、その情報を活かしたアドバイスをするのです。

ただし、情報提供を急ぐあまり、裏づけのない不正確な情報を知らせることのないように気を付けなければなりません。弁護士は、手に入れた情報のエビデンスを常に明確に把握しておくことを肝に銘じておきましょう。

私は常々、先を見据えて行動することをモットーとしていますが、その重要性がよくわかる歴史上の偉人の有名なエピソードがあります。

豊臣秀吉が織田信長に仕えていた頃、厳しい寒さの中で信長に付き添って外出した折に、信長が用事を済ませている間、秀吉は草履を自分の懐に抱いて温めておいたという話です。信長は退出する際に草履を履いて、その温かさから秀吉が温めていたことに気づき、秀吉の気配りに心打たれたといいます。

このエピソードが史実か否かは議論のあるところですが、私たちがこの話から学ぶべきことは、クライアントの信頼を得るためには、クライアントの求めていることを先回りして読み取り、対応していく必要があるということです。顧問契約を締結するということは、つまり半歩先、一歩先を見据えて行動することが要求されることなのです。

3 依頼者は顧問契約に何を期待しているのか(1)

依頼者が顧問契約を結ぶ理由は、自社内への効果・影響への期待もある

◆顧問契約の意外な効果

弁護士と顧問契約を結ぶとき、依頼者はクイックレスポンスや正確かつ最新の情報を提供してもらうこと以外にも、弁護士がさまざまな役割を果たしてくれることを期待するものです。

それは、精神的な安らぎであったり、経験に基づいたアドバイスであったりしますが、意外なところでは、「顧問契約を締結することによって、自社内に効果・影響をもたらしたい」というものがあります。

◆意外な効果(1)——顧客会社を内部から強くする

弁護士と顧問契約を締結する場合、依頼者企業には、法的紛争に発展する可能性があるトラブルが生じていることがほとんどです。現代の複雑な社会においては、トラブルは些細なすれ違いで生じるものです。そしてまた、小さなトラブルであっても、それが拗《こじ》れると、社内の士気が減退したり、企業のイメージが損なわれるなど、大きな損害となることも珍しくありませ

ん。

しかし、経営陣がそういった危険を認識して、トラブルに対して緊張感をもって臨んでいても、社員たちが認識できていない、もしくは認識できていたとしても正しく実感できていないことも多いでしょう。

この点、顧問契約を結ぶことで、企業内外のトラブルは専門家の力を要するほどの高いリスクが常に付随するものだということを社員たちに理解させ、気持ちを引き締める良い契機をつくることができます。

◆意外な効果(2)――顧客会社の社員間トラブルを事前に防ぐ

また、トラブルの要因となりかねない社員への抑止効果も期待できるでしょう。社員間の揉めごとであっても弁護士が対応する可能性があることを意識していると、つまらないことでは騒ぎを起こしにくくなるからです。

◆意外な効果(3)――顧客会社の社員の気づきを促す

さらに、顧問弁護士が企業内でセミナーを行って社員の指導に努めれば、社員たちに気づきを促し、トラブルの元となる言動を未然に防ぐことも可能となります。

たとえば、昨今問題となることの多いパワーハラスメントやセクシュアルハラスメントなどは、自身の行為がそれに該当するという意識のない社員が意外と多く存在するものです。

そのような中で、顧問弁護士がセミナーを行い、「どういった行為が法的に問題となるのか」、「トラブルが発生した場合、組織や個人にどのような影響が生じるのか」等について説明すれば、社員たちは自らの言動を見直し、改めるようになるでしょう。

要するに、弁護士との顧問契約は、常日頃、顧問弁護士と直に接する機会のない社員にも影響を及ぼし、企業の防御力を内部から総合的に高める効果があるのです。

弁護士はこれを意識して、顧問契約を結んだ企業が内から浄化され、より組織として強くなるよう、自身の務めを果たさなくてはなりません。

4 依頼者は顧問契約に何を期待しているのか(2)

顧問契約は、結んだこと それ自体が外部へのアピールになる

企業が弁護士と顧問契約を結ぶことは、顧問会社を内から強化するだけでなく、顧問弁護士の存在を社外にアピールすることにより、顧問会社の企業価値を高める効果もあります。

企業が弁護士と顧問契約を結ぶとき、当然そういった効果も期待していると考えるべきでしょう。

◆**法令遵守意識を社外にアピールする**

本章①で弁護士の社会貢献について述べましたが、現代は、企業も、ただひたすらに利益を追い求めればよかった時代は終わり、社会に貢献してその存在意義を証明することが求められるようになりました。

この点、弁護士と顧問契約を結ぶということは、「弁護士の指導監督の下、法令や社会規範を遵守し、公平・公正・公明に企業活動をすることを指針としている企業である」ということ、つまりコンプライアンス意識の高い企業であることを、内部のみならず外部に向かっても、宣

言していることになります。

それは、当該企業について、取引先や金融機関が安心して取引ができる、好印象を持った消費者が積極的に製品を購入したりサービスを利用したりする、整備された労働環境を求めて就職希望者や転職希望者が集まる、といったプラスの効果を生じさせ、企業の価値を高めることにつながるでしょう。

◆トラブルを抑止する

また、企業に顧問弁護士がついている場合、企業がトラブルに巻き込まれるリスクは低下します。

世の中には、他人の隙や弱みを突き、利益を得ようとする人間が少なからずいるものです。弁護士と顧問契約を結んでいない企業の場合、悪質な取引先企業やクレーマーのような顧客に付け込まれ、トラブルに巻き込まれることも往々にしてあるでしょう。

この点、弁護士と顧問契約を結んだことを社外にアピールすれば、悪質な企業やクレーマーはわざわざその企業に近寄らなくなりますから、トラブルを寄せ付けずに済むのです。

そして、不要なトラブルの対応に追われることがなくなった企業は、安心して事業活動に専念することができ、業績を伸ばすことができます。

◆弁護士は顧問会社の期待を強く意識すべき

もちろん、コンプライアンス意識を宣言することで企業価値を高めたり、トラブルを抑止して業績を上げるといった効果は、顧問契約を結んだ途端にすぐにわかりやすく現れるものではありません。

しかし、顧問契約を結んだ弁護士は、顧問会社内部への対応のみならず、その存在を外部へアピールして、企業の発展に資する役割も求められているということを、常に強く意識していなければいけません。

そうしてこそ、顧問弁護士としての存在感が発揮され、十分にその役割を果たすことができるようになるでしょう。

5 弁護士事務所として顧問契約は必要なのか

恒産なくして恒心なし——弁護士の職責を果たすためには経済基盤は堅固であるべし

◆安定収入の重要性

弁護士事務所の経営の安定のためには、収入に浮き沈みがあってはいけません。弁護士事務所の経営においては、人件費と家賃という二つの支出が常に核となり、これらを支払い続けるだけの収入をいかに安定して維持していくかが大きな課題となります。事務所の収入がある時急速に伸びるなどということは、通常の弁護士事務所では期待できません。日頃から安定した収入を確保することが最重要事項となるのです。

この点、一定の顧問料を毎月得ることができる顧問契約制というシステムは、事務所の収入の安定のために必要不可欠です。私は事務所を設立して今年で47年になりますが、今日まで経営上大きな不安もなく続けてこられたのは、顧問契約制を採用したからといえるでしょう。

◆顧問契約の効用(1)——精神的な落ち着きをもたらす

顧問契約の効用としては、まず、事務所に精神的な落ち着きをもたらすことが挙げられます。

「恒産なくして恒心なし」。これは中国戦国時代の思想家である孟子の言行をまとめた『孟子』の「梁恵王編」に出てくる言葉ですが、その意味は、「人は生活が安定しなければ、安定した道義心を持つことはできない」というものです。弁護士にもこの言葉は当てはまります。弁護士に限らず、すべての事業主は、経営の安定のためには収入はできるだけ浮き沈みしてはいけません。十分な蓄えがなければ、人は落ち着いて仕事をすることができないからです。「貧すれば鈍する」というように、人は経済的に不安になると、頭がうまく働かなくなり、往々にして愚かなことをするようになるものです。

◆顧問契約の効用⑵——長期的な視点での経営を可能にする

次に、安定収入、すなわちキャッシュフローが確立されることで、事業の取組みを長期的な視点で展開することができるようになります。

目先の利益ばかり追い求めていたのでは、事務所はいずれ行き詰ります。経済的な余裕があれば、すぐには利益に直結しないようなことでも、長い目で見て成果を生み出すものに時間や人力を注ぐことができるようになります。

一定の蓄えがあれば、リスクを冒すこともできます。私は、国際化する社会に備えて1999年に中国に進出し、まず上海、続いて北京に支処を構えました。北京事務所は思うような収益が上げられず2017年に閉鎖することとなりましたが、これから国際化する社会に備えて外国進出への足掛かりをつくることができたことは、大きな成果といえるでしょう。また、これとは反対に、経営上危ない橋を渡るようなリスクある選択をしなくても済む、という効果も安定収入にはあります。

◆顧問契約の効用(3)——事務所の信用を高める

さらに、事務所の財政の安定は、事務所の信用を高めることにもつながります。つまり、スポット契約だと相手の顔を見てついつい多額な請求をしてしまいがちですが、顧問契約だと、あらかじめ決められた一定の価格があり、案件によりこれから差し引いたり、また上乗せして請求することになったとしても、他の弁護士との競争も踏まえて合理的な価格を算出することになるため、依頼者との信頼関係を築けるのです。そして信用の高い事務所となったことで、さらに顧問契約が舞い込むという好循環につながります。

このように、弁護士事務所を経営するには、スポット型ではなく、ストック型の顧問契約が必要不可欠であるといえるでしょう。

ただし、顧問契約を獲得するためには、ありきたりな弁護士ではなく、高い専門性を持った弁護士になる必要があります。顧問契約制は、お客様を囲い込むものですから、それに相応しいサービスを提供しなければなりません。顧問契約を結ぶというのは、すなわち、弁護士が精進し続ける責務を負うということなのです。

6 そこまでして顧問契約を結ぶ必要があるのか

固定客の獲得はあらゆる業種にとって必須。弁護士は他業種に学ぶべきである

◆弁護士も積極的に営業を

私が40歳代の頃、ニチバン株式会社の再建をお手伝いしたことがあります。ニチバンは、セロテープなどで有名な会社ですが、1975年当時は、石油ショックの煽りの中、労働組合による度重なるストライキもあり、従業員500人の人員整理を検討するほど追い詰められた状態にありました。苦境から脱するために、ニチバンは大鵬薬品工業株式会社の社長であった小林幸雄氏（現ニチバン名誉会長）に助力を求め、最高顧問として経営に参加した小林氏の奮闘により、苦難を乗り越えて、見事に再建を果たしたのです。

同時期に、私はニチバンの顧問弁護士として労働組合との交渉に取り組んでいました。小林氏とは、ともにニチバンの再建に尽力した同志としてお付き合いするようになり、今も交流は続いています。

その経営手腕と猛烈な仕事ぶりで知られる小林氏がよく口にしているのが「販売即経営」と

いう言葉です。これは、「販売、すなわち社会に商品を売り込み、認められることで、会社は成り立つ」という意味で、私も弁護士事務所の経営者として大いに共感するところがあり、多方面で紹介させていただいています。

弁護士や弁護士事務所も、個々人が懸命に成果を上げ続けなければ経営が成り立たないのは、一般企業と同じです。弁護士は高い専門性を持つ、一種、特殊な職業ではありますが、だからといって、ふんぞり返って仕事を待っていてはいけません。

弁護士事務所の経営が破綻し、債務を抱え込んだまま事務所を閉じることになった場合、破産をした弁護士は弁護士資格を喪失することになります。裁判所から破産について免責が許可されれば、復権することもできますが、破産の態様によっては復権が認められず、弁護士としての活動は、以後できなくなるのです。

つまり、弁護士は「販売即経営」を実践しなければ、弁護士としての存在価値すらなくなってしまうということを肝に銘じ、一般の企業と同じように真剣に営業に取り組まなければならないということです。

◆他業種から学ぶ営業方法

また、私の知人にイタリアの高級車のフェラーリを売っている方がいます。

彼の扱うフェラーリは、最低でも2000万円から3000万円もする代物にもかかわらず、驚いたことに、このご時世でも、現物が本国から届く前に予約だけで売り切れてしまうといいます。

その秘訣を尋ねたところ、「賃貸オフィスの入っている不動産を所有している会社の社長に売り込むのだ」と教えてくれました。なぜなら、そういった人たちはフェラーリという高いブランド力を持った車を自身の営業のために必要としており、また、確実に継続する定期の収入を基にした豊富な購入資金を有しているからです。私はそれを聞いて、「なるほど。理にかなった方法だ」と思いました。

フェラーリは人気の高いブランドですが、その価格から購入可能な層が限られるため、ただ店に並べてお客が来るのを待っているだけでは、仕入れ分を売りさばいて利益を上げることは難しいでしょう。

営業は待っているだけでは何も生み出しません。営業というのは、商品を認めてもらえるよう社会に働きかける行為ですから、とにかく実際に動かなくては話は始まらないのです。

そして、むやみに動き回るのではなく、働きかける相手や方法を工夫して考え、自分の持っているものをアピールすることが必要になります。

いかにしてアピールするのが効果的かは、それぞれの個性や才能、能力によって決まりますが、社会とのマッチングを常に心がけること、つまり求められていることを察し、それを提供できるということを上手に相手に伝えることが大切です。

件《くだん》の知人は、フェラーリを欲しており、かつ実際に買うことができる層を見極めて、そこに的を絞って効果的に営業をしたことで、高い成果を上げているのです。

成功している人の営業理念や営業方法は、他業種であっても大いに学ぶところがあるものです。弁護士は、営業の勉強のためにも、他業種の方々と積極的に交流するようにしましょう。

7 企業内弁護士がいれば、顧問弁護士は不要か

企業内弁護士との競争に勝てないようでは、顧問弁護士は要らない

◆企業内弁護士の増加

企業の法的紛争の増加や業務の複雑化に伴い、近年、企業内に法務部を設け、社員として弁護士を雇う企業が増えてきました。統計によると、２００１年には66名に過ぎなかった企業内弁護士が、２０１９年には約37倍の２４１８名となっています（日本組織内弁護士協会「企業内弁護士数の推移（２００１～２０１９）」）。

企業内弁護士は、企業が新たなプロジェクトを立ち上げる際に、その企画に法に抵触する部分がないかなどを調べて、法的紛争を予防したり、企業において紛争が発生した際に応急処置的な対応を行うことで紛争の激化を防いだりする役目を負います。

彼らは、企業の内部の事情や人員の配置、状況がよくわかっているので効率的に動くことができ、また、自身が企業のメンバーであるため、企業のために最善を求めて働くことが担保されている存在でもあります。

弁護士が企業と顧問契約を結ぶと、こういった企業内弁護士と絶えず比較の目に晒《さら》されることとなります。企業は、「自社内に弁護士がいるのに、わざわざ外部の弁護士を雇う価値はあるだろうか？」と顧問弁護士を常に厳しい目で査定します。企業法務に携わる弁護士は、このような厳しい競争に勝ち得るだけの力が必要になるのです。

◆顧問弁護士の強み

では、弁護士が、企業内弁護士と競い、勝つことができる点は何かというと、企業内弁護士が企業のことに詳しく紛争を予防する能力があるとすると、これに対し顧問弁護士は、法律に関し突出した知識を有していること、また、訴訟の技術に長けていることがまず挙げられるでしょう。

また、顧問弁護士は、他の企業とも仕事をし、数多くの経験を重ねているため、それらの経験に裏づけされた予測力を持っていることも強みとなります。

さらに、企業内弁護士は企業の中にいるのでどうしても視野が狭くなり、企業側に偏った見方や物の考え方になりがちですが、顧問弁護士は外部の者ですから、引いた視点から広く、公平・公正・公明な目で物事を判断することができます。

これらの知識や技術を磨き続け、顧問弁護士としての特性を活かして職務に当たることができれば、顧問弁護士は価値ある存在として企業から重宝されるようになるでしょう。

◆競争と連携はともに必要

なお、ここでは企業内弁護士に競り勝つ方法について書きましたが、企業内弁護士というのは、先にも述べたようにその企業のことを知り尽くし、何か問題が起きたときに初動的に動くこともその役目の一つとしています。

ですから、顧問弁護士として企業から求められている役割を全うすることができるよう、弁護士は、常日頃から企業内弁護士とコミュニケーションをとり、紛争が生じた際にはスムーズに連携をとることができるよう友好な関係を築いておくことが望ましいでしょう。

8 他専門職種の顧問がいれば、弁護士は不要か

他専門職種との競争に勝てなければ、弁護士の顧問契約は解約される

◆他士業との競争

弁護士のライバルは企業内弁護士以外にもたくさんいます。

司法書士や行政書士、社会保険労務士などの専門職種は求められる役割の一部が弁護士と重なっており、一般的に弁護士よりも費用が安くつくため、代替可能な業務であれば、そちらを選ぶ人も少なくありません。

私の専門分野である人事・労務問題でいえば、事務的な手続や相談対応は社会保険労務士が行うことも可能です。弁護士に依頼すると5万円かかるところを、社会保険労務士に依頼すれば2、3万円程度で済むのですから、社会保険労務士に依頼したいと考える人がいるのも当然でしょう。

弁護士が顧問契約を得るためには、こういった他の専門職種のライバルたちとの競争にも勝っていかなければならないのです。

◆競争を勝ち抜くためには

この競争に勝つために弁護士がすべきことということと、まずは、司法書士や社会保険労務士など他の専門職種では対応できない業務について、自身の腕を磨くことが第一でしょう。端的にいえば、訴訟対応です（少額訴訟は司法書士も対応可能ですが）。訴訟でベストを尽くす、勝てる弁護士になることが、生き残るための最も明白な道筋といえるでしょう。

また、弁護士の顧問料は他業種に比べると高くなりがちですが、それに見合うだけのサービスを提供すれば、依頼者は弁護士と契約した価値があったと思うようになるでしょう。本章2で述べたように、単に相談があったつど、それに応じた仕事をするだけではなく、依頼者に寄り添い、常に依頼者にとってベストなものを提供する、時には先回りして依頼者のために行動する、といった対応が必要になります。

気を付けたいのが、弁護士は他業種と比べて敷居が高いイメージを持たれがちであるということです。気軽に相談できないのではないか、相談しても居丈高な対応をされるのではないか、と考え、弁護士を敬遠する人は意外と多いものです。

そういったイメージを払拭するための手っ取り早い方策として、私は常日頃から、依頼者との話の中で法律の条文を持ち出すようなことは極力避けて、依頼者が会話に参加しやすいような雰囲気をつくることを心がけています。当事者である依頼者が、弁護士の話していることがわかりにくい、自分とは別世界の話であると思うことのないよう、気を配ることはとても大切です。

また、敷居が高いと思われることは、必ずしも悪いことばかりではありません。依頼者に近しい存在として仲良くなりすぎてしまうと、正しくても依頼者にとって耳の痛い話はできなくなってしまいます。

しかし、距離があれば、客観的な立場から公正な意見を述べることができます。そしてそれは、結果として依頼者のためにもなるのです。

◆競争と協働は両立する

なお、私の事務所では、社会保険労務士の先生数名と長年お付き合いをしており、相談のあった事案をその先生に紹介したり、逆に紹介してもらったり、時には共同で仕事を引き受けることもあります（もちろん紹介料は発生しません）。

他業種がライバルとなるからといってむやみやたらに遠ざけるようなことはやめるべきです。積極的にお付き合いをすれば、そこから学び合うことができ、信頼関係の下に助け合うこともできます。ライバルとして真摯に向き合い、お互いを理解することで、貴重な関係を築くことができるのです。

9 経営者はなぜ顧問契約を結ぶのか

求められるのは法的助言だけではない。安心を与えられる弁護士だ

◆プラスαの働き

先の項目でも述べたように、顧問契約を結び、それを継続してもらうためには、弁護士は顧問料に見合った仕事をすることが必要です。

この点、単に依頼者からの相談に応じ、訴訟の対応をしているだけでは、他の弁護士より一歩抜きんでることはできず、いずれ契約は切られてしまうでしょう。

顧問契約を継続したいと思ってもらうためには、依頼者組織の成長を促したり、業績の発展に貢献するなど、本来の役割プラスαの効果を生み出すことが必要です。そのために、弁護士は積極的に働かなければいけないのです。

◆組織の強化

私は、よく依頼者（企業）に「宿題」を出します。たとえば、証人尋問の前に、時系列に出来事を整理する表を作成してもらったり、事業で大きな方向転換をする場合に、その理由を明

確にする大義名分書をつくってもらったりするのです。

これは、依頼者の社員の方たちに、思考を整理してもらうため、また当事者としての意識を持ち、能動的に動いてもらうためにお願いしているのですが、経営者の方たちからはすこぶる好評です。

いわく、私の「宿題」に対応することで、社員たちが細かな点に気づくようになる、意識が向上する、能力が上がるといった効用があるそうです。

弁護士が大半の作業を引き受けて一人で解決するのではなく、社員に参加してもらうことで、社員自らが考える機会をつくり、自覚を促し、能動的に物事に対処することを学んでもらうことは、依頼者組織を内から強化するためには非常に大切です。

◆事業の強化

顧問契約を結んだからには、弁護士は依頼者の事業の発展に資するよう行動する必要があります。具体的には、経営者からの相談を親身になって聴き、積極的なアドバイスをすることがこれに当たります。

アドバイスは、その相談が一つの事項に関することであってもそれにとらわれず、人、物、金、信用、情報、組織、海外進出、スクラップアンドビルドなど、日本企業の経営の諸要素を踏まえた的確なものでなければなりません。単なる一つの観点からのアドバイスは、後に綻びを生じます。柔軟な姿勢で複数の観点から物事を見たうえでの提言が必要となります。

また、アドバイスをする際には、自分の意見を押しつけてはいけません。たとえば、A案はこうである、B案はこうである、と説明したうえで、両者のメリットとデメリットを挙げ、「私であればA案をとるけれど、あなたの意見はどうですか?」と尋ねるのです。

弁護士がベストな選択肢へ導いたとしても、依頼者のためには、最終的な意思決定は経営者が行ったという意識を持ってもらったほうがよいからです。

◆人の強化

アドバイスのほかには、弁護士が自身の人脈を活かした人材を紹介することも、依頼者を喜ばせるでしょう。

依頼者が欲している分野の専門家や企業の方を、「こういった人が知り合いにいるが、仲立ちしましょうか?」と依頼者に意向を聞いたうえで、紹介するのです。そうしてつながった縁が依頼者の発展に寄与すれば、これほど喜ばしいことはありません。

新司法試験の導入により弁護士の数が4万人の大台に乗る(日本弁護士連合会「弁護士白書2019年版」)など大幅に増加する一方、少子高齢化の影響で今後、弁護士への依頼は減少していくことが予想され、現在の法曹を取り巻く状況は極めて厳しいものです。

そのような中で、弁護士が依頼者から選ばれて顧問契約を結んでもらい、それを継続してもらうためには、表面的な対応のみ行っていたのでは足りません。

依頼者に心から寄り添い、依頼者が欲しているサービスを読み取って、積極的に提供していくことができなければ、これからの時代に生き残っていける弁護士にはなれないでしょう。

第2章

顧問契約の獲得

10 依頼者との接点をつくるにはどうすればよいか

ひたむきな努力と、常に誠実であってこそ営業は成果をもたらす

◆集客に魔法なし

弁護士は、何か特別なことをして即座に優良なお客が集められるというようなことはありません。弁護士が集客するためには、努力や誠実さといったごく基本的なことが最も大切になります。「集客に魔法なし」ということです。

第1章6で述べた「販売即経営」のように、社会に働きかけて自分を売り込むことは大事ですが、そこに誇大広告や虚偽表示があってはなりません。弁護士等の業務広告に関する規程（平成12年3月24日会規第44号）第3条にも「弁護士等は、次の広告をすることができない。……三　誇大又は過度な期待を抱かせる広告」と定められており、弁護士業界全体の信用を守るため、こうした広告を行うことは禁止されています。

◆どう売り込むか(1)——自分の執務能力を知ってもらう

では、具体的にどうやって自分を売り込めばよいのかというと、目の前の仕事をとにかく着

実にこなしていき、自分の執務能力を相手にわかってもらうことが、弁護士の王道の営業方法です。

執務能力の高さをアピールできれば、当初単発の仕事の予定で相談した依頼者であっても、顧問契約を結ぼうと考えるでしょう。また、依頼者からの紹介が新たな依頼者を呼ぶこともあります。

◆どう売り込むか(2)――誠実であること

集客にはまた、誠実であることも重要です。

私は弁護士になって初めにお世話になった孫田・高梨法律事務所から独立し、自身の事務所を設立したときに、「どんなに苦しいときでも絶対に偽証をしてはいけない」ということを肝に銘じました。

苦境に立たされたとき、偽証すれば事件に勝てるという誘惑に陥りがちですが、これに負けてはいけません。どうしても勝つ見込みが立たず、依頼者に納得してもらえないときには、潔く辞任するしかないでしょう。そうすれば、少なくとも、偽証という罪を犯すことは避けられます。

冷静さを失って、目先の利益を追求するよりも、長い目で見た自身と事務所の信用を大事にすることが、結局は後々の利益となるということを忘れてはいけません。

◆どう売り込むか⑶――努力を欠かさないこと

そして、努力を欠いてはいけません。営業の基礎となる確かな執務能力を身に付けるためには、継続して勉強し、研鑽を積むことが必要です。

努力は自信にもつながります。「これだけの努力を重ねてきた」と思うことで、堂々とした態度でいられるようになります。それは依頼者を惹きつけるのに役立つでしょう。

◆どう売り込むか⑷――専門外への適切な対応

また、自分が専門としていない仕事を依頼された場合には、当然これを受けてはいけません。然るべき専門家を紹介するのが正しい対応です。私は、自分の専門外の仕事を依頼されたときはいつも、知り合いのそれを専門とする弁護士に紹介していますが、喜ばれこそすれ、これで依頼者の当方に対する印象が悪くなったことはありません。

私は、以前、各分野のスペシャリストの弁護士などを講師として招き、主に依頼者の方々から参加希望者を募り、２００回以上のセミナーを主催しました。

これは非常にリスクの高い行為でした。講師の弁護士を気に入った依頼者が私との契約を切って、そちらの弁護士と契約する可能性があるからです。

しかし、セミナーの回数を重ねても顧問会社は減ることなく、むしろ増え続けたのです。他意のない単純な親切心からの行為だということが相手にも伝わったのでしょう。この一連のセミナーは、結果として、依頼者の私に対する信頼を深めたように思います。

◆どう売り込むか(5)——社会正義を忘れない

最後に、報酬が欲しいからといって、善悪をわきまえない、無理難題を言う依頼者と付き合ってはいけません。そのような人とお付き合いをしていると事務所が穢れますし、一度穢れた事務所は元に戻ることはできないからです。

◆念ずれば花開く

仏教詩人の坂村真民氏の詩の一節に、「念ずれば花ひらく」という言葉があります。自分の意志を固めて、それを常に意識して行動することは、夢を実現させる法則の最たるものです。

弁護士は「顧問契約を増やす」と常日頃から念じていれば、その言動はおのずと顧問契約が増えるようなものへと変わっていくでしょう。これは何も念ずることにより自然と夢が叶うというお伽噺のようなものではなく、念ずることに伴っていろいろなことを実行するようになることで結果がついてくる、というごく当たり前の話です。

顧問契約を得るためには、自分の日々の行動をこまめに見直し、改善すべきことや注力すべきことを探すことです。これを積み重ねれば、徐々にであっても必ず依頼者は増えていくでしょう。

11 依頼者を惹きつけるにはどうすればよいか

人間としてのファーストインプレッションは信頼を得る元と意識する

◆3つのビックリマーク

弁護士は、ファーストインプレッションが大切です。ファーストインプレッションは、人柄や知識、経験など、さまざまなことを基に形づくられますが、相手に自分を印象づけるには、意外な趣味や相手が聞いて喜ぶような時事ネタなど、アッと驚くような要素がなければいけません。それも一つぐらいでは、「そんなこともあるか」という程度で終わってしまいます。ビックリマークが3回出るような驚きを与えてこそ、相手に「この人しかいない」と思わせることができ、上手に営業につなげることができるようになるのです。

◆多芸多趣味が人の幅を広げる

相手に強い印象を与えるためには、弁護士は多芸多趣味を旨として、常に自身の内面を磨くよう心がけていなければなりません。

私は、若い弁護士たちに、出張したときは、余暇の時間を使って名所・旧所を訪れるようにしなさい、と常々言っています。そうした経験こそ人としての幅を広げるからです。

内面を磨くために、私が実践している方法を以下に四つほどご紹介します。

一つ目は、とにかく情報を収集することです。私は多種多様なメディアに日々接するようにしていますが、その最たるものが新聞です。中でも一番熱心に読んでいるのが、日経新聞の文化欄です。

購読者が年々減少していると言われていますが、新聞は今でも多くの人が読んでいるメディアです。多数の人との共通の話題が手に入るのですから、怠らずに毎日目を通すべきでしょう。

二つ目は、できるだけ多くの本を読むことです。私は、小説をとにかくたくさん読みますし、漫画も読みます。

小説や漫画を読むということは、ストーリーを追い、登場人物の喜怒哀楽に寄り添うということです。人の美しさや、あるいは人の醜さ、善や悪を再認識できます。そうして、自分の醜さや自分の中にある悪についても解決するヒントをもらえるのです。また、ハッピーエンドであれば幸せな気分に、バッドエンドであれば悲しみに浸り、心を浄化することができます。

漫画についていうと、私は弘兼憲史先生の島耕作シリーズの大ファンです。弘兼先生が人間観察力に優れていて、それを巧みに漫画化するので、読んでいて、「そうそう。こういう人いるんだよ」とか、「こういうこと自分にもあったな」と思うことが度々あり、学べることが多いのです。

弁護士は事案の真相を読み切ることが仕事であり、そのためには、人間観察力は必要不可欠な能力です。弘兼先生の作品はその着想を得るのにぴったりなのです。

三つめは、芸術に触れることです。

私は、美術館には1か月に2回ほど行きますし、また、画廊にもしょっちゅう足を運びます。私が通い詰めている銀座の日動画廊の長濱一夫専務は、「絵は感性ですからね」といつも言います。これは、名作であろうとなかろうと、気に入ればそれで良いという意味です。要するに、自分の心が震えるということが大切なのです。

四つ目は、とにかく人と接することです。

私は人と会うことがとても好きです。特に若い人と会うことを楽しみにしています。私が考えていることは、どう頑張っても旧来の世界に属するものです。ですが、若い人たちと話していると、未来が少し見えるのです。

年配者と付き合うこともちろんすばらしいことですが、年配者は未来を語ることはできません。今までの経験を通してしか、物事を語ることができないのです。

若い人と話して、未来の世界を考えるとき、興味や好奇心が発動されますが、これにより考えが凝り固まることを防ぎ、若返りを図ることができるのです。

12 依頼者の心に残るにはどうすればよいか

依頼者の気になる、知らないという心の動きにレスポンスする

◆笑顔の効用

依頼者に良い印象を持ってもらうためには、何はともあれ笑顔で溌剌《はつらつ》としていることが必要です。陰気で堅苦しい雰囲気をまとった弁護士と話していると、依頼者は未来の見えない暗い気分になります。笑顔で明るいという人間の基本姿勢こそが、弁護士の営業の土台となるのです。

笑顔には利他の効果があります。仏教用語に和顔施《わがんせ》という言葉があります。「笑顔を人に施すことで、自他ともに功徳《くどく》を得ることができる」という教えです。

自分のことばかり考えている人からは、笑顔は出てきません。笑顔でいるということは、それだけで、相手に「あなたのことを気にかけていますよ」と伝えていることになるのです。

反対に、渋い態度、あるいは苦み走った顔で対応すれば、相手に違和感、さらには不快感すら与えることはいうまでもありません。ぶすっとした顔をしているのは、周りに毒を吐いてい

るのと同じです。ぶすっとした顔は、営業的に笑顔よりはるかにマイナスになるでしょう。

◆笑顔の効果的な使い方

笑顔の最も効果的な使い方は、打合せの最後に、笑顔で「大丈夫ですよ」と依頼者を送り出すことです。小さなことのようですが、これにより、依頼者に安心感が生まれます。

もちろん中身のない打合せをしたにもかかわらず笑顔を振りまいていては、胡散臭いだけでかえって信頼感が損なわれます。きちんと実のある話をしたうえで、笑顔で大丈夫です、と言うことが大切なのです。

◆依頼者の心を生かす会話

依頼者へは優しく話すことを意識しましょう。言葉尻に気を付けて、命令形ではなく、依頼形で話すのです。

命令形は、相手の心を殺してしまいます。そのため、命令形で話された依頼者はストレスを強く感じるようになります。

これに対し、依頼形の会話だと、相手の心を立てることになります。相手はストレスなく会話することができるので、結果として生産的なやりとりができるようになるでしょう。

ちなみに、私は、話すときだけでなく、文章を書くときにも語尾に気を付けるようにしています。弁護士というのは、裁判書面から始まり、依頼者からの相談に対する回答、依頼者への報告書、紛争の相手方に対する文書など、文章を書く機会が多い仕事です。文章全体の雰囲気というのは、断定的に言うのか、疑問形にするのか、「である」調とするのか、あるいは「ですます」調とするのか、強面な文章とするのか、優し気な文章とするのか、語尾一つで大幅に変わるものです。求めている効果を得るために、そういったことまでも意識して文章をつくる能力は、弁護士にとって必要不可欠なものだと思うのです。

◆依頼者の感性に共感する

依頼者との会話において、時に、論理で押し切ろうとする弁護士がいます。論理は確かに大事ですが、人の心を動かす決め手となるのは、実は感性だと私は思います。相手の心を捕らえるためには、論理だけでは反感を買ってしまいます。

論理と感性の差は何かというと、論理は一定の枠で縛られていること、感性には枠がないので、話す人間の姿勢や発想、話すシチュエーションにより生じる効果が著しく違うという点でしょう。

弁護士は論理を身に付けなければならないことは当然ですが、そのうえで感性を磨かなければなりません。

◆依頼者の確かな同意を

また、こちらの意見を押しつけるのではなく、依頼者の意思を尊重することも大事です。

そして物事を決定するときには、依頼者から確かな同意を得ることが必要です。医療で言うところの「インフォームド・コンセント」です。依頼者に現状をきちんと説明して、理解を得たうえで、同意をもらうのです。

これを行うためには、依頼者には噛み砕いて説明することを常に心がけなくてはいけません。弁護士は小難しい説明を好みがちですが、依頼者の理解の上に立った同意を得るために、わかりやすい言葉で話す習慣を身に付けましょう。

◆マッチングを心がける

講演をするときには、自分の独自の世界を構築することはもちろんですが、聞き手が知らないことや、聞き手が関心を持っていることをくみ取って話すことが重要です。

要するに、相手のニーズにマッチングすることを意識するということです。そうしてこそ、相手に喜ばれ、顧問契約を呼び込むことができるのです。

13 自らの魅力を高めるにはどうしたらよいか

常に顧問契約を意識し、ツールを工夫して有効に使う

◆視覚に訴えて印象を残す

従来、弁護士は、とにかく能力で勝負といった業界でしたが、競争が激化する新たな時代を勝ち抜くためには、能力以外の部分でもアピールして営業に努めることが大切になってきました。

端的に、そして効果的に自分の個性を相手に伝えるためには、視覚に訴えて印象に残ることができる営業ツールを活用すべきでしょう。

◆営業の強い味方となるツール(1)――名刺

私が、こだわっている営業ツールといえば、何といってもまず名刺でしょう。

名刺というものは、初めて人と会ったときに必ず渡すものですから、第一印象に少なからず影響します。

私は、出会ったばかりで、相手がこちらのことを知る術がほとんどない状況において、自分

の事務所の雰囲気を少しでも伝えることができるような名刺にしたいと思い、これまでにも何回かデザインチェンジを行ってきました。

現在は、白地に、事務所のテーマカラーである緑と事務所のロゴをアクセントとして配したデザインのものを使用していますが、事務所の落ち着いて親しみやすい雰囲気がとてもよく出ていると思います。

◆営業の強い味方となるツール(2)——ロゴ

また、事務所のロゴについては、6年ほど前に、親しくしているデザイナーの方にお願いし、つくっていただきました。緑と黄緑を基調とし、三つのLを二重のハート型が囲っているデザインです。

TAKAI OKAZERI LAW FIRM

デザインしてくださった方にロゴの意味を伺ったところ、事務所が、人事・労務問題を専門に扱っていることから、「Life, Love, Law」の「L」を、ハートの形の中に配置し、現代に求められる働き方として私が常日頃から提唱している、人間性や人間らしさを基調とした魂を込めた労働「ハートワーク、ヒューマンワーク」を表現したとのことです。

事務所の個性をよくとらえたデザインで、とても気に入っています。

◆営業の強い味方となるツール⑶――ホームページ

ロゴの作成と同時期に、ホームページのデザインも一新しました。これまで簡素なつくりであったものを、事務所のカラーが一目でわかるよう、緑とブラウンをベースとしたすっきりとして落ち着きのあるデザインとしました。

最近では、事務所のホームページを見て相談に来たという依頼者の方がかなりの数いますから、事務所のホームページを作成すること、それも事務所の雰囲気を伝えるデザインで、業績や手がけている仕事がすぐわかる見やすいレイアウトとすることは、弁護士の営業における最重要事項の一つといっても過言ではないでしょう。

◆営業の強い味方となるツール⑷――メルマガなど

さらに、私の事務所では、月に1、2回、メールマガジンを登録者の方々に配信し、事務所で開催するセミナーや刊行された書籍に関する情報などをお知らせしています。これも2018年から、文字だけの簡素なデザインのものから画像を入れ込んだ視覚に訴えるデザインのものへと変更しています。

その他にも、年2回、事務所の近況をお知らせする広報紙を発行していますが、これも2018年にリニューアルしました。これまでは、モノクロB5判のシンプルなデザインでしたが、時代に沿った明るいものにしようと思い立ち、現在はカラーで背景に四季折々の草花などを入れ込んだパッと目を引く華やかなデザインのものとなっています。

これらのことは、一見、弁護士の本来の業務と関係のない、些細なことに感じられるかもしれません。

しかし、優秀な弁護士が数多くいる中で、ライバルたちに少しでも差をつけたいと思うのであれば、些末なことまで考え抜いてアピールするという姿勢は必要不可欠であると思います。

弁護士は、営業ツールについても手抜きせず、より効果的に相手に訴えかける方法を日々模索していくべきなのです。

14 弁護士のブランディングはどのように考えたらよいか

ブランディングすること、しないことには、それぞれメリットがある

◆弁護士にブランディングは必要か

ブランディングという言葉があります。これは、企業やその製品について、企業側が意図したイメージを消費者に認識してもらえるよう働きかけることで差別化を図り、企業や製品の価値を高めるというマーケティング戦略のことです。

たとえば、りんごのマークが目印の米国企業Apple社は、従来、白やグレーなど地味な色しかなかったパーソナルコンピュータのデザインにおいて、カラフルなスケルトン素材を使用した製品を発売して人気が爆発し、以後、洗練されたセンスの良い企業として、広く一般的に認識されることとなりました。

また、Apple社の店舗であるアップルストアは、ガラス張りで外からでも店内の様子を一望できますが、余分なものがないすっきりとしたシンプルな内装です。これは世界中どこのアップルストアでも同じだということで、その徹底したブランド戦略には舌を巻きます。

Apple社は、こういったブランディングを積み重ねることで、世界時価総額ランキングの上位を争う一大企業となりました（同ランキングは、2020年3月時点で1位はサウジアラムコ、2位がApple社、3位がMicrosoft社となっています）。

今や、企業においては一般的となったこのブランディングですが、弁護士はどうでしょうか。本章⑬で述べたようにツールを駆使して営業を行うことは有効ですが、さらに進んで自らのキャラクターをブランディングする必要はあるでしょうか。

◆ブランディングすることのメリット

弁護士が、自身のイメージを明確に固めることのメリットとして、そのイメージを求めている依頼者を引き寄せやすくなるということが挙げられます。ですから、独立したばかりで、とにかく安定した収入が必要だという弁護士には、ブランド戦略は有効でしょう。

イメージを固めるためにできることの例を挙げると、ホームページ上でターゲットとなる顧客を明確に絞ることや、宣伝活動のために利用するSNSや露出するメディアを選ぶことです。

たとえば、ブログに、弁護士業務に関する自らの考えを投稿し続ければ、それを見た人は、直向《ひたむ》きな弁護士であるというイメージを持つでしょう。これに対し、Twitterに日常のちょっとした所感を投稿すれば、親しみやすい弁護士だというイメージで見られるようになります。

私に関していえば、「無用の用」というブログを2011年に開設し、以来、弁護士活動に関する記事のみならず、旅行記や、プロ登山家や古美術商の方など、各分野で活躍する方々へのインタビューなど、弁護士活動から離れた記事も同ブログに掲載しています。

このブログを更新し続けることで、私は、「法律のみならず幅広い分野に興味を持つ弁護士である」と広く認識されるようになりました。ブログに掲載している私が撮影した四季折々の花の写真について、インタビューを受けたこともあるほどです。

また、露出するメディアについても、法律専門の雑誌に絞って記事を書けば、硬派な弁護士のように感じる人が多いでしょうが、一般的な経済誌に記事を書いたり、ネット記事のインタビューに気軽に答えたりすれば、緊張することなく相談に乗ってもらえそうな弁護士であるというイメージがつきます。

そのようにして、自分の目指すブランドイメージに沿った活動をすることで、それを好ましいと思う相談者に潜在的に働きかけることができ、ただ漫然と活動しているよりも、依頼が増えるようになるのです。

加えて、事務所に弁護士を雇用するにあたっても、ブランドイメージを明確にしていれば、それに合致した応募者を引き寄せることができます。すると、似たキャラクターを持つ弁護士が集まるので、組織はおのずと統一され、強化されることになるでしょう。

◆ブランディングしないメリット

しかし、私は、弁護士はそこまでつくり込んだブランディングをしないことで得るメリットも多いと思うのです。

なぜなら、ブランドイメージを自ら定めなければ、間口を広く保つことができるからです。たとえば、事務所に所属する弁護士の個性が統一されず、多様性があるのは良いことです。人は自分と違った個性を持つ人から多くを学ぶことができます。多様な経歴、人格、価値観に触れることで、各弁護士が成長することができるでしょう。

また、多様な弁護士がいれば、多様な顧客を呼び込むこともできます。それは、事務所に豊富な仕事と経験をもたらすでしょう。

ただし、ブランドイメージを定めない場合であっても、自身と事務所の大枠となる事柄については、ぶれることのないように最低限定めておくことが大事です。

私個人と私の事務所でいえば、使用者側の弁護士であること、企業とその経営者に寄り添って真摯に業務に取り組むこと、そしてその先に社会貢献を志す弁護士であることという3つが、見失ってはいけない大枠です。

こうした基本理念を事務所内で共有し、それ以外は各人の個性を尊重することとすれば、多様な弁護士が揃い、幅広い能力を有する事務所になるでしょう。

15 顧問契約に向けた研鑽はどのようにすべきか

勉強する、発表し続ける地道な働き方が、顧問契約締結の呼び水となる

弁護士は、勉強し続けなければ弁護士としての実態を失い、単に資格を持っているだけの人に成り下がります。顧問契約を獲得できる「生きた」弁護士であるためには、学び続けること、そしてその成果を発表して自らの認知度を高めることは必要不可欠です。

◆向学心を持つ

この点、学ぶといっても、ただ単に法律を勉強するだけでなく、斬新なものを絶えず取り入れることを意識しなければなりません。弁護士というのは、社会の中で生きる職業であり、それゆえに、社会の変化とともにその活動も変貌していきます。ですから、仕事の基になる新しい知識を身に付けることは絶えず意識しておきましょう。

また、弁護士にとって一見必要とは思われないようなものにも関心を持つことも大切です。たとえば、いろいろな人と会って、話を聞けば、豊富な知識と潤沢な知恵を手に入れることができます。

法律にだけ囚われていたら、人生はつまらないものになってしまいます。また、人としての幅も広がらず、依頼者が求める水準以上の働きができる弁護士にはなれないでしょう。

◆三年先の稽古

しかし、勉強にあたっては、今日学んだことが、即実力となって今日発揮できるわけではない、ということは覚えておきましょう。

相撲用語に「三年先の稽古」という言葉があります。力士として戦える力はすぐに身に付くものではない。稽古は将来を見据えて取り組むことが大事だという意味の言葉です。

弁護士も、顧問契約を結んでもらえるような実力を身に付けるためには、5年先、10年先を見据えた研鑽を積むことが大事です。

◆商品を開発する

絶えず変化する社会に置いていかれないように、新規商品を開発しなければいけないのは、一般企業も弁護士も同じです。時代に合わせて、半歩先、一歩先の商品をつくり出すことが求められるのです。

私の場合は、団体交渉や精神健康管理、リストラなどの商品を開発してきました。判例を数多く読み、そのすべてについて自分なりの考えをまとめることは、商品開発のために、とても大切です。

私が事務所に入り、弁護士として最初に担当した仕事は団体交渉でしたが、当時、団体交渉についてまとめられた書籍はありませんでした。そこで、私は勉強のために、団体交渉に関する判例を読み漁《あさ》り、団体交渉に当たるための考えを自分なりにまとめていったのです。

社会の変容に合わせて法律の解釈は頻繁に変わります。法令自体、変わることはよくあることです。未知なるものに対する開拓精神がなければ、弁護士は務まりません。

◆**分野を絞り込む**

しかしそうはいっても、すべての物事を勉強するには、時間に限りがあります。そういったとき、私は、時代の流れをよく考えて、勉強する分野を限定するようにしています。この数年間であれば、「AIと人事労務」「中小企業と企業統治」「企業経営と心理学」などです。

今、若い弁護士に提案したいのは、外国の法律を勉強し、そこに優れた法思想があれば、積極的に取り入れるということです。すでに到来し、これからますます進化していくであろうグローバル化社会においては、グローバルな法思想は大いに役に立つでしょう。

ただし、新しい商品といっても、三歩以上先の商品は開発しても意味をなさないということに気を付けなければなりません。あまりに先走っていると世の中に受け入れられないからです。

◆**成果を発表する**

勉強する分野を決めた後は、自分自身に文章を作成することを課しましょう。発表の場は、書籍や雑誌、新聞、それが無理ならばブログなどのSNSでも構いません。

文章を書くためには、知識を得て理解を深めることが必要になります。当該事項に関する新聞記事に目を通し、書籍を読み、専門家に話を聞くなど、おのずとより深く勉強するようになるでしょう。

勉強の成果を自分に問うために、私は著作を発表することを目標としています。書籍の執筆は、「労多くして功少なし」と言われますが、自分の評価を世に問うのに、大いに役立ちます。

私は、これまで50冊の書籍を執筆してきました。それらは、労働法理に関する本であったり、労務管理に関する本であったり、一般教養に関する本であったりしました。書籍の刊行を通じて、自分が学んだこと、実践していることを世に訴え、批評を浴びることで、勉強の成果を認識し、自分なりの世界を構築してきたのです。

このようにして集積した知識は、最終的に講演会を開催するなどして、対外的に直に発表する場を設けるとよいでしょう。

講演会を開くとなれば、聴講者が疑問に思うことにその場で答えなければなりません。「教うるは学ぶの半ばなり」とはよく言ったもので、人にわかりやすく説明することを想定することで、より立体的な勉強ができるようになるのです。

16 顧問弁護士として必要な能力はどのようなものか

第一に差別化、第二に競争優位性、第三に模倣困難性を心がける

過当競争に巻き込まれないために、弁護士は、①他の弁護士との差別化を図り、②競争優位性を身に付け、③模倣困難性を高めることが必要になります。

以下で各要素について解説していきます。

◆差別化――誰も見つけていない道を探す

山形県鶴岡市に加茂水族館というクラゲの展示で有名な水族館があります。

加茂水族館は1930年に設立された水族館で、高度経済成長期には年間平均20万人という高い集客力を誇りましたが、その後は凋落し、バブル崩壊後の1997年の来場者は、年間9万人程度までに落ち込んだそうです。

しかし、サンゴの水槽で泳いでいるクラゲの赤ちゃんを飼育員がたまたま発見し、これに着想を得て試行錯誤を重ねた結果、他に類を見ないクラゲに特化した水族館として見事復活を遂げたのです。

同水族館は、今では年間50万人もの来場者が訪れる人気施設となっています。

弁護士も、営業に力を入れるのであれば、独自性を出すことをまず考えなければなりません。本章⑮でも触れたとおり、私は、団体交渉や精神健康管理、リストラなどの案件に取り組み、独自に勉強して、書籍を執筆してきました。

これらのテーマは今でこそよく耳にするものですが、私が勉強を始めた当時は、ほとんどの弁護士が興味を持たない分野でした。団体交渉については、今から50年以上前、精神健康管理については30年ほど前の話です。

私は、他の弁護士の後追いではなく、独自の世界を開拓し、それに真剣に取り組んで一定の成果を収めてきたからこそ、普通の弁護士とは一味違う弁護士になることができたと自負しています。

「人の行く裏に道あり　花の山」という投資用語があります。これは、市場で利益を得るためには、他の人とは逆の行動をとらなくてはいけない、という意味の言葉です。自分なりの道を見つけてこそ、そこに花の山が発見できるということを弁護士も肝に銘じるべきでしょう。

◆競争優位性――依頼者から信頼を得る

しかし、他の弁護士との競争に勝つには、独自の世界を構築しただけでは足りません。依頼者から信用され、顧問契約を結んでもらうためには、依頼者が欲していることを先に読み取り、それに合ったサービスを提供することがとても大事です。

弁護士は、顧問契約を獲得するためには、「どうしたら自分を買ってもらえるか」ではなく、「どうしたら買わざるを得ないか」を考えるべきです。「どうしたら買ってもらえるか」というのは、自分中心の考え方です。これに対し、「どうしたら買わざるを得ないか」というのは、依頼者目線で自分を見つめることになります。

たとえば、「安くすれば売れるだろう」と人は思いがちですが、これは自分本位の考え方であって、依頼者の真意とは乖離していると言わざるを得ません。依頼者からしてみれば、安かろうが、無料であろうが、自分に必要のないものはいらないのです。

依頼者目線で考えて、依頼者が本当に欲しいものを察知し、それに応える商品なりサービスなりを提供することが必要となります。

依頼者が欲しているものを知るためには、依頼者の本音を確認することが大切です。何度もお会いして、本人の本音を引き出すのです。

人が、何気なくぽろっと言ったことには、往々にして真実が含まれているものです。依頼者がぽろっと言ったことを見逃さずにつかまえ、そしてそれを商品やサービスに具現化しましょう。その際、その商品やサービスを提供した理由を依頼者に説明することも忘れてはいけません。

◆模倣困難性——第一人者を目指す

顧問契約を結んでいる弁護士であれば、どのような分野でも取り扱うという時代は去りました。社会が複雑になり、競争が激しくなったことで、弁護士には細分化された各分野における高い専門性が要求されるようになったのです。

私の事務所は、開設から50年近く、人事・労務分野で勝負をしてきましたので、私は、人事・労務の一線を走る弁護士になることを決意して仕事に取り組んできました。

その他大勢の弁護士であってはいけません。専門分野においては、その分野の弁護士で十本の指に入るような実力を身に付けることを旨としましょう。地域の一番、日本の一番、といった弁護士を目指すのです。

17 顧問弁護士の存在価値を依頼者が実感するにはどうすればよいか(1)

顧客体験――それは勝訴判決をとることがもたらす

顧問契約を獲得するためには、成果を上げることが必須です。

弁護士の成果といえば、何よりもまず、訴訟に勝つことでしょう。勝訴してこそ、依頼者は満足し、「この弁護士に依頼してよかった」と思うのです。

その第一歩として、受任した相談案件や訴訟案件については、自分の事件とする、自分と一体化した出来事であると意識することは、とても大事です。

他人事ではなく自分の身に起こったこととして取り組めば、集中してその事案に全精力を注ぐことができるようになります。こういった意識が勝訴につながるということを弁護士は覚えておきましょう。

◆道筋を見極める

優れた野球選手には、「選球眼」が必要であると言われます。ピッチャーが放った球が、打ちごろのストレートか、バットの手前で曲がる変化球か、ストライクゾーンから大きく外れたボールかを見極める能力です。

実は、弁護士にもこの選球眼はとても重要なものです。弁護士でいう選球眼とは、依頼者から持ち込まれた案件が、勝ち筋なのか、負け筋なのかを的確に判断できる能力です。

「勝ち筋か？　負け筋か？」が判断できるということは、事件の推移を予測することができるということです。先を見通すことができれば、自分の力を蓄えて、的確な対応の準備をすることが可能となるのです。

この能力を身に付けるためには、結局のところ場数を踏む以外にありません。数多くの事案を体験してこそ、複雑な事案であっても、負ける可能性を察知することができるようになりますし、勝利の方程式を考えつくこともできるようになります。

コツを挙げるなら、細々した事実に囚われず、大筋を見て判断するということでしょう。また、主観に偏ることなく事実関係を冷徹に見つめることも必要です。

◆アフターフォローも忘れずに

判決が出たからといって、すべてがその瞬間に終わるわけではありません。敗訴の場合は、当然、上訴するなどフォローの必要が生じますし、勝訴であってもさまざまな対応が必要になります。

面倒見が良い弁護士は、然るべきフォローができる弁護士です。そのような弁護士は、勝敗によらず依頼者から信頼されることになります。

まず、人情として、良い結果が出たときはとにかく早く知らせたくなる一方、悪い結果が出たときは口が重くなりがちです。

しかし、悪い結果が出たときこそ、一刻も早く依頼者に報告しましょう。次なる手の準備にとりかからなければならないからです。

私は、勝訴するつもりでいた事案が敗訴してしまったときは、辞任を申し出ていました。場合によっては、自分より優れた弁護士を紹介することも必要になるでしょう。

敗訴したときは、まず見誤ったことの原因をよく探求しなければいけません。そして、自分の手腕や力量が足りなかったことを反省しましょう。自分を顧みずに、裁判官を非難したり、相手方を非難したところで、何も始まりません。

人生には無駄がないとはよく言われることですが、敗訴のときこそ学びを得て、より強くなるチャンスとするのが、弁護士としての正しいあり方です。

また、裁判に勝ったからといって、相手方の言動をあまり批判してはいけません。

相手方の言い分にも理があったということを依頼者が理解してこそ、その裁判で得たものがより高く評価され、弁護士が果たした役割も正しく認められることになるでしょう。

裁判というのは当事者の人生を左右するものです。勝っても負けても、大いに消耗しますし、場合によっては、勝訴しても自ら命を絶ってしまう人さえいます。

そういった事態を起こさないためにも、弁護士は常に依頼者を気にかけ、目を配っていなければいけないのです。

18 顧問弁護士の存在価値を依頼者が実感するにはどうすればよいか(2)

徹底した準備があってこそ勝訴判決を勝ち取ることができる

◆自信を養うためには徹底的な準備を

さて、実際に案件の対応に当たるための心構えですが、弁護士は、些細なことであっても、とにかく完璧を期さなければなりません。

まず案件を引き受けたら、わからないこと、心配なこと、気がかりなこと、矛盾が生じていることをリストアップしましょう。そして、それらについて、答えがわかるまで調査を続ける。「蟻の穴から堤も崩れる」というように、緻密な事実関係を認識し、論理を構築するうえでは、どんな小さなことでも大事です。そのためには、次のようなことを実行します。

① 事実を見極める　私は、事実をできるだけ正確に知るために、受任して1週間以内には、当事者に事実関係を詳細に記述してもらうようにしています。もちろん裏づけ資料も添付してもらいます。また、相手の主張に対する反論書もつくってもらいます。

この作業をすることで、当方にとって有利なことと不利なことを見極めることができ、より正しい判断が可能になります。

② 書面を書く　弁護士が文章を書くときは、裏づけ資料との突合せを真剣に行わなくてはいけません。思いつきで書くようなことは、決してしてはいけないのです。そして内容は、首尾一貫したものでなくてはいけません。また、長々と書くのではなく、キーワードをあらかじめ決めて、それを活かすような文章をつくることを心がけましょう。

書き上げた文章は、より完璧なものとすべく、日を改めて推敲することを忘れてはいけません。

③ 主尋問　証人尋問は、やみくもに行っても効果がないどころか、かえって逆効果になります。ですから、準備は念入りに行いましょう。証人尋問に備えて尋問事項を整理し、回答書案を作成するのです。回答書案は、反対尋問を受けることを十分に予測し、精緻なものをつくる必要があります。

④ 反対尋問　私は、自分で言うのもなんですが、かつて「反対尋問の名人」と呼ばれていました。

それは司法記者クラブの記者の方たちが言ってくださったことでしたが、何も最初から上手であったわけではありません。常に徹底的に準備を繰り返して臨んでいたことで、そう呼ばれるようになったのです。

反対尋問は、予習するのとしないのでは大きな違いが出ます。たとえば、初めて行く道は遠く感じるが、帰り道は早く感じるというように、人は未知なるものには緊張し、エネルギーを消耗するものです。

予習を徹底的に行っていれば、それは慣れた道となりますから、精神的な余裕をもって取り組むことができるのです。

予習というのは、答弁をあらかじめ予測したうえで、逆襲する方法を想定することです。「逆襲」とは、書証とすでに終わった尋問結果を分析し、予想される答弁を基に、一の矢、二の矢、三の矢と尋問を重ねることをそう呼んでいたのです。この逆襲が少なくとも三度成功すれば、反対尋問は成功裡に終えたということです。

反対尋問において、私の得意とする手法は、相手がどのように答えるかわからない中で、尋問を執拗に繰り返すことで相手を追い詰めて、真実を発見するというものでした。

繰り返すといっても、同じ質問を繰り返すのではなく、違った角度からいろいろな質問を繰り返して、答弁に差異を見つけ出し、その矛盾を突くのです。

私は、反対尋問に入る前には毎回、胸の前で十字架を切るような気持ちで臨んでいました。神に祈るくらい真剣な思いであったということです。

⑤ 法廷の空気を支配する　裁判で勝つためには、自分の主張を通すべく、論理的な思考

を働かせなければならないというのは、弁護士諸君であれば誰でも知っていることでしょう。

しかし、勝訴判決を得るために必要なのは論理だけか、といえば、そうではなく、実は法廷の空気を支配するということがとても大事になります。

法廷の空気を支配するということは、相手の主張に対して当意即妙に対応することで可能になります。相手が何か言ったら、手短にでも、即座に的を射た反論をするのです。こうすることで、法廷の空気を仕切っていると感じさせる効果が生まれます。

⑥　和解のための交渉を行う　弁護士は、ときに功名心に囚われることがあります。和解のほうが依頼者の利益になるとはいえ、勝訴となれば自分の名前を売るチャンスです。

しかし、弁護士は、依頼者の利益を大前提に行動しなければいけない職業です。ですから、円満に解決することができる和解が可能であれば、自分自身の功名心を押し殺して、裁判を終わらせましょう。

以上のように、弁護士は、徹底的に調査し、徹底的に準備し、そうして力の限りを尽くしてこそ、自信をもって事に当たれるようになり、結果もついてくるのです。

そういった意味で、徹底的調査、徹底的準備は、依頼者と信頼関係を築くのに、必須であるといえるでしょう。

19　外部の評価にどのように対処すべきか

評価は拡散する――SNS時代のレピュテーションリスクをあなどらない

◆口コミの力は絶大である

昨今では、SNSの普及により、飲食店などのサービス業の流行り廃りは、口コミに支配されているといっても過言ではありません。

これは、法的サービスを提供する弁護士も例外ではなく、人気の弁護士になりたいのであれば、口コミを味方につけなければいけないのは、他と変わりはありません。

ただし、弁護士の場合は、SNSというより、依頼者間の口頭での伝承で評判が広がっていくことのほうが多いようです。

この点、私は以前、ある講演会で、顧問契約の締結について話題にした際、顧問契約を得たいのであれば、経営者集団をターゲットとするとよい、とお話ししました。

経営者集団に属する経営者の企業と顧問契約を結び、高い成果を収めれば、他の経営者にその評判が伝わり、新たな顧問契約につながるからです。

しかし、そうはいっても、最近はインターネット上に、弁護士の評価が書かれているのを目にすることも多くなってきました。

これからの時代は、どの弁護士に依頼をすればよいかわからないから、インターネット上の口コミを参考にする、という人は、ますます増えていくでしょう。

そういったとき、弁護士の過去の依頼者の口コミや、執筆した書籍、講演のレビューで好評を得ていれば、高い宣伝効果が期待できます。

今後は、弁護士は、そういったことも意識して、仕事に当たらなくてはいけないでしょう。

私の事務所でも、インターネット上の口コミの威力を感じたことがあります。

2年ほど前に、事務所の若手弁護士たちが『SNSをめぐるトラブルと労務管理』（民事法研究会刊）という書籍を執筆しました。

この書籍には、SNSのリスクを説明するために、近年のSNSの炎上案件をまとめた一覧表が掲載されていたのですが、これがTwitter上で話題となり、少しの間注目を集めました。

そういったこともあってか、その後、この書籍を手に取った方からの取材依頼や相談が何件か事務所に舞い込んだのです。

SNSについて書いた本で、SNSの威力を知ったという出来事でした。

◆口コミは悪評も拡散する

しかし、口コミは、悪い評価も拡散する力がある点には、注意が必要です。

しかも、悪い評価に実態がなくても、さもあるように広がり、時として弁護士本人のみならず、顧問先にも影響を及ぼすのが、口コミの怖いところです。

弁護士は、こういった、所謂レピュテーションリスクには、大いに注意を払わなければなりません。

この点、悪評により、事務所の信頼を大きく損なうことを避けるためには、何よりもまず、人に対して、誠実に対応することが大事です。

依頼者はもちろんのこと、訴訟の相手方にも礼儀を欠いてはいけません。常に周りの人に敬意をもって接しましょう。

また、誠実な対応をしたということを、記録にとどめておくことも必要です。自分がした対応は、書面や音声ファイルなどで保存し、謂れのないクレームをつけられても反論できるようにしておきましょう。

悪い噂というものは、それまで積み上げてきた好評を一瞬で失わせるくらい力のあるものです。悪評で身を滅ぼすことのないよう、弁護士は常に注意していなければなりません。

20 スポット契約から顧問契約へ発展させるには(1)

何はともあれ親切にすること、そして依頼者の経済的利益を考える

◆ファーストコンタクトから営業は始まっている

顧問契約を獲得するための営業は、相談者が初めて電話やメールで問い合わせをしてきた時点から始まっています。

ですから、不親切であったり、ルーズな対応をして、相談者に嫌な印象を与えることのないよう、気を付けなければなりません。

相談がきたら絶好の営業の機会ととらえ、丁寧かつ親切に対応しましょう。

◆顧問契約への道をつくる

新規の顧問契約を獲得する一番の近道は、こうして依頼を受けたスポット契約の依頼者に、顧問契約を結んでもらうことでしょう。

そのためには、依頼者に、「この弁護士と顧問契約を結べば自分にとって得になる、プラスになる」という意識を持ってもらうことが大事です。

具体的に何をすればよいかというと、まず、依頼者が必要とするときに、相談に乗ることでしょう。

顧問契約とは、「いつでも相談に乗る弁護士」を担保する契約です。困ったときにすぐに相談できる専門家がいることの快適さ、安心感を、スポット契約の間に依頼者に十分に理解してもらうのです。

また、スポット契約の依頼者だからといって、顧問契約の依頼者より軽んじるようなことは絶対にしてはいけません。顧問契約の依頼者と同様に丁重に接し、質の高いリーガルサービスを提供することが必要です。

さらに、顧問契約を結べば経済的に利益があるということを、依頼者に明確な数字を出して説明するのもよいでしょう。

一つひとつの案件ごとに依頼するスポット契約の場合、その事件ごとに費用が発生しますが、顧問契約を結べば、一定の期間内は自由に相談できることになるので、依頼者は、相談事が多ければ、当然のことながら得をする勘定になります。

すべてのサービス業にいえることですが、結局のところ、サービスの基本とは、相手への思いやりです。これを念頭に置き、依頼者を思いやってサービスを提供し続ければ、スポット契約の事件が終了した際に、依頼者が感謝の気持ちを持って、顧問契約を結んでくれる可能性が高まります。

◆契約終了後もコネクションは切らない

顧問契約を結んでくれなかったからといって、一度スポット契約の依頼を受けた依頼者と交流を断つようなことはしてはいけません。契約終了後も定期的に接触を図ることが大切です。

この点、私は名刺を交換した人には、月に1、2回メールマガジンを配信し、また、年に2回、事務所広報紙を送って、事務所情報をお知らせしています。

定期的に接触を図っていれば、事務所の存在が忘れ去られることはありませんし、いつでも扉は開いているという印象を与えることができます。

そうすれば、かつての依頼者に新たな困り事が発生したときに、再び契約してもらえる可能性が高まるのです。

21 スポット契約から顧問契約へ発展させるには(2)

依頼者のためにコツコツ実行することが、顧問契約成立の基盤となる

◆**地道な努力が信頼につながる**

依頼された仕事を着実に実行していくことは、スポット契約を顧問契約に発展させるために、とても大事です。

時に、小さな仕事には見向きもせず、博打的に大きな成果を上げることだけを狙う弁護士がいますが、成功する確率は低いのでやめましょう。

依頼者との信頼関係は、コツコツと愚直に仕事に取り組むことで築かれます。

◆**表敬訪問で存在をアピールする**

私は、時間のあるときは、依頼者を表敬訪問するのが常でした。会社を訪ねて相手の顔を見ながら話すことで、その会社の雰囲気や、業績が順調なのか、新たな悩みごとがあるのかといったことを知ることができるからです。

依頼者に興味を持ち、依頼者に関する情報を集めることは、弁護士にとって非常に大事です。

弁護士の職務を遂行するにあたっては、さまざまな局面において適切な判断を下す必要がありますが、そのためには依頼者のことをよく知っていなければいけません。

また、依頼者の情報を集めるためには、依頼者と率直な会話を重ねることが不可欠ですが、そのプロセスの中で、依頼者との間に強い信頼関係を築くことができます。

表敬訪問には、また、相手に自分の熱意を感じてもらうことができるという効果もあります。熱意を伝えるためには、「今、こんなことに関心を持っています」、「勉強しています」、「こんな論稿を発表しました」というような自分の近況を、押しつけがましくないように気を付けて話すとよいでしょう。すぐには仕事につながらなかったとしても、依頼者の意識の片隅には残りますから、関連する問題が生じたときに、声をかけてもらえる可能性が高まります。

◆「買ってほしい」は禁句

弁護士は、お客様から仕事をいただく、という姿勢では、顧問契約を結べるようにはなりません。相手に「買ってほしい」と決して言ってはいけないのです。

なぜなら、お客様というのは、顧問契約を結ぶことによって自分が大きな負債を負うのではないか、ということを恐れているものです。ですから、負債を背負うという意識をお客様が持つことなく、顧問契約への移行を自然かつ自発的に申し出てもらうことが必要となります。

どうすればよいかというと、とにかく見返りを求めずに相手に尽くすのです。尽くして尽くして、その結果として、相手が、「こんなに尽くされたのだから、自分からも何か返そう」と自然に思い、顧問契約を結ぶ、というのが一番好ましいスポット契約から顧問契約への移行方法です。

なお、尽くした結果、顧問契約につながらなかったとしても、相手を恨んだり、必要以上にがっかりしてはいけません。「そういうこともある」とすっぱりと諦めて、次の仕事に向かいましょう。

22 顧問料はどのように提示すべきか

顧問料は公平・公正・公明を旨として、提示し交渉しなければならない

◆明朗会計を意識する

弁護士は費用が高すぎる、という声をよく耳にします。

相談者が弁護士に依頼することを躊躇するのも、この費用が高いというイメージがあるからだと思います。案件が無事に解決したとしても、弁護士に莫大な費用を請求されるのではないか、と不安に感じるのでしょう。

こういった不安を解消するために、弁護士は、明朗会計を意識した言動を常日頃から行っていることが大事です。

相談者がどの弁護士に頼んだらよいか迷ったときに、明朗会計は決め手の一つとなるでしょう。

◆寄るべき基準は何か

私の事務所は、(旧)日本弁護士連合会報酬等基準を基に、報酬を定めています。この規程は、

弁護士法の改正により、平成16年に撤廃され、現在は、弁護士には自由に価格を設定することが認められています。

しかし、この旧規程は、弁護士会が長年にわたって採用してきた準拠法ですから、説得力があるのです。

もちろん、旧来の法律関係では登場しなかったような新しい相談案件を引き受けることもあるのですが、そういったときも、この規程を類推解釈して適用しています。

依頼者を安心させるために、相談を受けたら、すぐに見積もりを出すことはとても大切です。これは、顧問契約、あるいは委任契約においても同じことです。

見積もりを出すときには、タイムチャージ制にするか、顧問契約制にするかが問題となります。タイムチャージ制の契約のお客様はわかりやすくいうと、「一見さん」です。これに対して顧問契約制のお客様は「お得意さん」です。

私の事務所では、顧問契約制が主ですが、ケースによっては、タイムチャージ制の契約も受けつけています。

案件が終了した際にいただく報酬金は、着手金と同額、もしくは2倍以下の額になります。どういう基準で同額にするか、または2倍以下とするかを決定するか、といえば、事件の難易度や成果によって決めています。

たとえば、損害賠償請求事件であれば、相手方の請求に対し、どれくらい減額してまとめることができたかを判断基準とします。また、地位確認請求事件であれば、雇用の継続を求める判決が出れば、報酬金はなしとなり、逆であれば上限までいただくことになります。

つまり、報酬金の額が高い事件が多ければ多いほど、事務所に実力がつき、経営も安定する、ということになります。

顧問契約料については、1社当たり一律5万円や10万円と決めている弁護士もいます。また、大企業、中堅企業、中小企業、零細企業といった、企業の規模により決めている弁護士や、依頼者の売上高や従業員数で決めている弁護士もいます。従業員数については、正社員の数で決めるか、非正規社員も含めた数で決めるか、という問題もあります。

私の事務所では、従業員数で顧問料を決めています。正社員を1として、非正規社員を2分の1とするというルールです。

なぜかというと、私の事務所は、人事労務問題を専門とする事務所ですから、やはり社員数で決めるのが適切であろうと思ったからです。

◆公平・公正・公明さが弁護士に社会的価値を与える

弁護士の仕事は、社会貢献的な側面があることを考えると、いただく報酬も私的な報酬のみならず、公的な報酬という意味を持つこととなります。

ですから、過大な金額の請求は弁護士の報酬としてそぐわないという基本的なことを弁護士は忘れてはいけません。

そのうえで、報酬をいくらにするかというのは、公平・公正・公明を基礎として決定しなければなりません。公平性、公正性や公明性があってこそ、弁護士は社会的信用を得て、評価されるのです。

私は、弁護士報酬を決める際に一番大切なことは、依頼者ごとに請求の基準が異ならないことだと思います。もちろん、金銭的に窮している依頼者もいますから、場合によっては一定の減額措置を講じています。

しかし、できるだけ、公平・公正・公明な請求をするよう心がけることが大事なのです。

23 依頼者の業種によって顧問弁護士の意義は異なるか

一般企業以外の組織の顧問弁護士になったら、まずその組織を理解することを心がける

一口に顧問契約を結ぶといっても、依頼者の業種により、弁護士に求められる心構えや対応は大きく変わってきます。

より多くの顧問契約を得るためには、弁護士はどのような業種であっても正しい助言や対応ができるよう、勉強し、経験を蓄積していかなければなりません。

以下では、一般企業以外の組織と顧問契約を結んだ際に、弁護士に求められる対応について述べます。

◆学校等教育機関の顧問弁護士

学校などの教育機関においても、理事会があり、従業員である教職員がいる点では、一般の企業と同じです。

しかし、組織の中に顧客である生徒とその保護者も組み込まれており、時にその生徒や保護者も紛争の相手方となり得るという点で、一般の企業とは大きく異なります。

また、新たな顧客を獲得するためには、既存の顧客、つまり在籍している生徒が実績を上げる——たとえば、進学率の高さであったり、部活動で目立った成果を上げる——ことが必要となる点でも、特殊といえるでしょう。

つまり、教育機関の顧問弁護士を務めるにあたっては、顧客の目が、一般の企業よりも身近にあることに常に気を付けなければならないのです。

理事会や教職員、生徒や保護者の関係が円滑でなく、組織に歪みが生じていれば、それはすぐに生徒や保護者全体に知れることとなります。

そして、その話が生徒や保護者から外部に広まったり、また、教育環境が害されることで生徒が実績を上げることができなくなれば、組織の経営に直接的な影響を与えることになるでしょう。

要するに、教育機関の顧問弁護士を務めるということは、常に顧客の目を意識して、細心の注意を払っていなければいけない負担の大きい仕事なのです。

ですが、顧問弁護士として教育機関の健全な運営と発展に資することができれば、それはこの国の重要な人的資源である生徒児童を豊かに育てることにつながります。

そういった意味で、教育機関の顧問弁護士は、弁護士としての存在意義をはっきりと感じることのできる、やりがいのある仕事といえるでしょう。

◆病院や高齢者施設等の顧問弁護士

世界有数の長寿国であり、今後、一層高齢化が進むことが予想される日本では、病院や高齢者施設は現在、一番需要の高い施設といっても過言ではありません。

これらの施設においても、患者や入居者という顧客が身近に存在し、紛争の相手方となり得るという点では、教育機関と同様ですが、より福祉の精神が深く、CSR（Corporate Social Responsibility の略称。法人の社会的責任）の実現に注力しているのが、その特徴でしょう。

以前、私は、顧問弁護士を務めている社会福祉法人が経営している特別養護老人ホームを訪問したことがあります。清潔に保たれた館内や入居者の方々の体調のみならずメンタルにも気を配った施設運営、スタッフの人材育成に力を入れている様子に、経営者の社会貢献の精神を感じ、大変感銘を受けました。

こういった施設の顧問弁護士となった場合は、利益の追求のみならず、その福祉精神を理解して、共感・共鳴・共振しなければいけません。

そうして、顧問弁護士の貢献により組織の安定した運営が実現し、結果として患者や入居者の方たちが気持ちよく施設を利用できれば、顧問弁護士は、間接的であっても地域社会の発展に寄与していることとなるのです。

◆業種に応じた対応を

右に挙げたのはほんの一例ですが、顧問先の組織の業種によって、求められる対応や紛争となりやすいポイントはさまざまです。

弁護士は、こうした一般企業と異なる業種の組織と顧問契約を結んだ際には、まず、依頼者と丁寧なコミュニケーションをとることによって、その組織の理念や空気感を理解することを心がけましょう。場合によっては施設を表敬訪問して、より理解を深めるのもよいでしょう。

そのうえで、組織が健全に運営され、発展していくために弁護士ができることを探り、それに基づいて業務を行ったり、経営者にアドバイスをするようにしましょう。

24 中小企業の顧問になるにはどうしたらよいか

中小企業の法的紛争に対応できる能力を身に付けたうえで顧問契約のメリットを説く

◆中小企業は新たな時代のターゲット

これからの時代、新たに顧問契約を獲得しようと思うのならば、中小企業をターゲットとすべきです。

日本では、全企業のうち、中小企業が実に99・7％もの割合を占めています（総務省統計局「平成28年経済センサス」）。

また、大企業は、企業内弁護士を雇っていたり、つながりの深い特定の弁護士とすでに顧問契約を結んでいるケースが多く、そこに新たに参入するには、かなりの困難を伴うでしょう。

つまり、これからの弁護士は、大企業だけをターゲットにしていては、事務所の経営を成り立たせることはできないのです。

中小企業に焦点を当てて、顧問契約を獲得するために邁進することが、弁護士が生き残るための道といえるでしょう。

◆中小企業へ売り込むには

企業は、法的紛争が起これば、特に労使問題で紛争が起これば、かなりの打撃を受けます。大企業であれば容易に立て直すことができても、中小企業の場合は企業の生命線を脅かすことにもなりかねません。

しかし、労務問題に関する意識が未だ薄く、法務部を設けていなかったり、弁護士と顧問契約を締結していない中小企業は数多くあります。

ですから、顧問弁護士がいない場合、紛争が生じると、つど社内の人員を紛争対応に充てなければならなくなり、それは規模が大きくなく、マンパワーの限られている中小企業にとっては大きな痛手となることを、中小企業の経営者に説明して、自らを売り込みましょう。

弁護士と顧問契約を結べば人員の確保に時間やコストを大幅に割くことなく、紛争を処理することが可能になるということを、経営者に理解してもらうのです。

トラブルが拗《こじ》れた場合、企業は金銭的に損失を被るのみならず、社内の空気が悪くなったり、風評被害により経営に悪影響が出る可能性があることもわかってもらう必要があります。

また、注目されて久しいメンタルヘルスの問題などについても、中小企業の経営者は、大企業の経営者より疎い傾向にあります。

弁護士が自分を売り込むためには、メンタルヘルスは誰にでも生じ得る、職場にとって極めて身近な問題であるということを経営者に語りかけなければいけません。

リストラというのも、大企業のみならず、中小企業においても大いに意識しなければいけない問題の一つです。弁護士は、中小企業からの依頼を受けることができるよう、リストラのようなニッチな分野についても積極的に学ぶ努力をする必要があります。

こういった努力を積み重ねてこそ、中小企業と顧問契約を結ぶチャンスは増えるでしょう。これからの時代を生き残っていく弁護士になるためには、未開拓の顧客を見つけ出し、積極的に自分を売り込んでいくバイタリティとニッチな分野にも対応できる幅広い能力が求められるのです。

25 顧問先の下請会社・関係会社の顧問になるには

法的紛争の関連性に配慮した顧問料の提示をするのが公平・公正・公明である

◆既存の仕事に真摯に取り組むことで顧問契約を増やす

大きな企業と顧問契約を結ぶと、その子会社や下請け会社などの関係会社の相談も併せて受けることがあります。

信頼できる弁護士を一から探すことは労力がいるものです。親会社が、優秀であると認めた弁護士とすでに顧問契約を結んでいれば、関係会社等もその弁護士に依頼しようという流れになるのは自然なことでしょう。

こういった相談を呼び込むためには、弁護士は顧問契約を結んだことに満足せず、目の前の業務に日頃から真摯に取り組み、結果を出しておく必要があります。日々の仕事において成果を上げることは、どんな営業よりも顧客に対する販売促進効果があるということを肝に銘じておきましょう。

◆関係会社とのつながりをつくる

また、私の事務所で主催するセミナーでは、顧問契約を締結している会社は、外部の参加者よりも参加費を低く設定していますが、この価格設定は顧問会社の関係会社にも適用することとしています。そうすることで、関係会社の社員の方の参加を呼び込むのです。

参加してくださった方が、セミナーの質に満足して弁護士と名刺を交換したり、セミナー終了後に実際に会社で起こっている懸案事項について、弁護士に質問すれば、事務所と関係会社との間につながりが生まれます。

たとえば、私の事務所では、名刺をいただいた方にはメールマガジンをお送りしていますから、その後は顧問会社を通さずとも、関係会社の方に直接セミナーの案内や事務所の近況をお知らせすることができるようになるのです。

このように、顧問契約を一つの会社と締結したら、そこで安堵せず、これをさらなる営業の契機ととらえて、積極的に次なる手を打つようにしましょう。

そうしてこそ、顧問契約を多く抱える人気の弁護士となることができるのです。

◆サービス精神を忘れずに

なお、関係会社から依頼を受けた際は、会社ごとに、通常の一社当たりの顧問契約料を請求してはいけません。

関係会社が親会社より規模の小さい会社だからといって、必ずしも相談事が少ないというわけではありませんが、親会社の顧問料より少し安く設定した顧問料をいただくのがよいでしょう。あるいは、安くせずに、親会社の顧問料を減額するなどしてアジャストするのも一つの手です。

要するに、いくらかサービス精神をもって対応しなければならないということです。

26 先任の弁護士がいる場合にどうしたらよいか

まずは共同して引き受けることを条件とする

◆了承を得ることを最優先とする

すでに依頼されていた弁護士、あるいは顧問契約を結んでいた弁護士への対応は、新たに受任した弁護士にとって重大なテーマです。

先任の弁護士がいたとき、私は、単独で受任することにこだわらず、受任するのであれば、共同ですることを方針としています。そして、先任の弁護士には、依頼者からそのことについて断りの連絡を入れてもらうのです。

先任の弁護士の中には、共同で受任することを拒否する弁護士もいます。そういった場合、無理矢理に共同受任としたとしても、弁護士同士の関係がうまくいかなければ、依頼者に良い結果をもたらすことはできません。

共同受任とすることについて了承を取りつけられないときは、私は潔く受任しないことにしています。弁護士は、自分の利益よりも依頼者の利益を優先しなければならない職業ですから、当然のことだといえるでしょう。

◆主任弁護士はどちらか？

さて、先任の弁護士の了承をとることができ、共同で受任することになった場合、誰を主任弁護士とするかという問題が生じます。

これについては、依頼されている案件がどちらの弁護士の得意分野かを基準として決めるしかないでしょう。

先任の弁護士の得意分野であれば、自分はセカンドオピニオンとしての役割を全うしましょう。

先任弁護士の得意分野でない場合は、こちらが主任弁護士となることは吝かではありませんが、先任弁護士を決して軽んじることのないよう留意しなければなりません。

要するに、共同で受任するときは、受任した弁護士同士が、円滑に連携をとることができる関係性を築くことが大事だということです。

◆自分が先任の弁護士であった場合

では反対に、自分が先任の弁護士としてすでに担当していた案件に、新たな弁護士をつけることを依頼者が希望した場合は、どのように対応すればよいでしょうか。

その仕事の規模やその時々の状況にもよりますが、一般的に、一人で仕事をするよりも、二人、三人で仕事をしたほうが、より完成度の高い仕事をすることができるものです。一人では気づくことができなかった事柄に気づくことができたり、自分の導き出した結論に相手から疑問を投げかけられることで、その結論を精査し、より強固なものとすることができるからです。

ですから、共同で受任する機会が生じたときは、極力断ってはいけません。新たな弁護士と良い関係を築くことができれば、共同受任は、学びを得て、成長することができる貴重なチャンスとなります。協力して解決に当たるよう努めましょう。

27 事務所経営者として担当弁護士をどのように決めるか

正しい人選は、単発の依頼から長期的な顧問契約へとつながる重要な鍵となる

◆依頼者と弁護士はチームであることを忘れずに

企業から依頼がきたら、事務所の代表者は、まず担当する弁護士を決めることになります。この人選は、非常に大事です。なぜなら、依頼者と相性が良い弁護士を担当に任命すれば、単発の依頼が顧問契約に、そしてその顧問契約が何年も継続する長いお付き合いとなるからです。

現在は、私ではなく、事務所の所長弁護士が担当弁護士を決定する役目を務めていますが、私がかつて選任していたとき、何を基準としていたかというと、依頼者と弁護士の性質を見て担当を決めていました。具体的には、強気の依頼者には慎重な弁護士を充て、慎重な依頼者には強気の弁護士を充てていました。

この組み合わせは、一見相反するものに思えるかもしれません。しかし、実はベストな組み合わせなのです。なぜなら、依頼者と弁護士は協同すべきチームです。ですから、似た性質の

者を組み合わせるよりも、お互いに欠けているところを補い合って、より完璧なチームとなることを目指したほうがよいのです。

似た性質の者同士を組み合わせた場合、強気な者同士であれば暴走しがちになりますし、慎重な者同士であれば物事は遅々として進まなくなるでしょう。しかし、相反する性質の者を組み合わせた場合、片方が強気で、もう片方が慎重であれば、強気な者の推進力と慎重な者の堅実さが合わさり、倍の力を発揮できるようになるのです。

また、弁護士の経験値も担当を決めるときに重視すべき要因の一つです。過去に同様の業種を担当したことのある弁護士であれば、その業種の企業において、何が問題となるか、どのような紛争が生じやすいかを理解していますので、予測が立てやすく、実際に事件が発生した際にも、焦ることなく的を射た対応をすることができます。

経験値の低い、または全くない若い弁護士には、できるだけ多様な経験を積ませたほうが成長を促すことができるため、まだ対応したことのない業種の企業であっても担当させ、修練させるようにします。

いずれにしろ、担当弁護士の決定は、弁護士にとっては、発奮材料にも失望材料にもなり得ます。ですから、任命にあたっては責任感を忘れずに臨み、特に失望した弁護士には、愛情を持って、励ましながら接するようにしていました。

なお、事務所の弁護士が講師を務めたセミナーの受講者や執筆した書籍の読者から依頼がきた場合は、できるだけその弁護士を担当としたほうが依頼者・弁護士双方の納得が得られるでしょう。

◆どのような企業でも担当できる弁護士に

自分が担当として任命される側の弁護士である場合は、弁護士たるもの、選り好みせず、どのような企業から依頼がきても担当できなければいけません。

特に若い弁護士は、一つひとつの仕事が後々自分を助ける貴重な経験となります。また、これまで担当したことのない業種の依頼者に対応することは、若手・ベテランを問わず、弁護士の力を培い、その後の仕事の幅を広げます。

弁護士は目の前の案件が自分の将来をつくっていくということを常に忘れずに、真摯に仕事に取り組みましょう。

第3章

顧問契約の継続

28 顧問会社の担当になったら何をすべきか

顧問会社に自分を知ってもらい、自らの人格・能力で信用をつくる

◆顧問会社を知るために訪問は必須

最近の弁護士は、顧問会社とのやりとりを、時間を惜しんで電話やメールですべて済ませようとする傾向にあります。そして、顧問会社に行くことを避け続けて、場合によっては一度も訪問しないまま顧問契約を終えるということも珍しくありません。

しかし、そのような付き合い方をしていては、顧問会社をよく知ることはできません。顧問弁護士になったからには、年に一度か二度、顧問会社を実際に尋ねて、自分でその会社の雰囲気を感じ、具体的な事業内容や最新のニュースを確認することはとても大事です。

また、訪問した際に自分の近況などを話すことで、顧問会社に自分を知ってもらう良い機会にもなるでしょう。

◆現場を見ることが顧問会社への共感を育む

顧問会社を訪問することは、弁護士の顧問会社に対する親切心を育む効果もあります。

私は、体調を崩して以降は少なくなりましたが、健康であったときは、何かの機会があれば顧問会社に飛んでいっていました。

製品工場の現場に行ったときなどは、工員たちの血と涙と汗の結晶である製品ができ上がっていく過程を見ると、いつも感激し、この会社のために懸命に働こうという気持ちが生まれます。

中でも記憶に残っているのは、愛国鍍金工業株式会社（現：平澤鉄構株式会社）の鍍金工場を訪ねたことです。めっき釜の作成という非常に危険な現場でした。そこで額に汗して働く人たちを目の当たりにして、係争中の訴訟に何が何でも勝とうと決意し、その後、実際に勝訴判決を得ることができたのです。

また、顧問会社から忘年会などのイベントに誘われた場合は、積極的に参加しましょう。社員一人ひとりと話すことで、より会社のことを理解することができます。それは顧問弁護士の業務において大いに役に立つでしょう。

電話やインターネットを通して相手とコミュニケーションをとることができるようになったハイ・テクノロジーの現代であっても、弁護士は、ハイタッチ、つまり人間的な触れ合いを変わらず大事にしなければならないということです。

◆顧問会社を知るための努力を怠らない

顧問契約を結んだからには、弁護士は、その会社のことをよく知るための努力を怠らず行うべきです。

そうしてこそ、顧問会社に対する共感・共鳴・共振が生まれ、顧問弁護士としての仕事を全うすることができるようになります。

また、弁護士のそういった姿勢は、顧問会社に、弁護士がその会社に真摯な責任感と関心を持って職務に取り組んでいることを伝えるためにも有効でしょう。

顧問会社をよく知ることは、結果として、顧問契約を維持することにつながるのです。

29 顧問契約を継続・拡充する秘訣は何か(1)

表敬訪問――顔を突き合わせて肌で感じてこそ信頼が培われる

◆袖振り合うも多生の縁

「袖振り合うも多生の縁」という言葉があります。

人と人との縁は偶然ではなく、因縁によって起こるものであるから、どんな縁も大切にしなければならない、という意味の仏教用語です。

弁護士は依頼者との関係を一度築くと、企業の紛争のみならず、就職や結婚、相続などの個人的な問題についても相談されるようになることが少なくありません。そうして相談事に親身になって答えていると、いつの間にか依頼者と深い縁ができあがっていることが往々にしてあります。

弁護士の仕事は、まさに「袖振り合うも多生の縁」を実践するものといえるでしょう。

◆相手の欲していることを探る

本章28でも述べましたが、一度築いた顧問契約という縁を深く長くつなげるためには、電話やメールだけではなく、実際に会って依頼者の顔を見て話すことは必要不可欠です。

そして、その場で悩んでいることや困っていることはないか聞き、話題に上がったことをきっかけにして頼み事を引き受けて、それに誠実に対応するのです。

たとえば、私は長年弁護士として働き、フットワーク軽くいろいろな人に会いにいくため、人脈については一財産築いています。

ですから、依頼者から相談を受けたり、関心を持っている事柄について聞いたら、それに対応できる専門家を積極的に紹介するようにしています。

そのようにして仕事外のことについても親身に接していると、仕事上の関係もおのずと強まっていくものなのです。

◆相手のために何ができるかを考える

依頼者との関係で弁護士が注意しなければいけないのが、損得勘定を排除しなければならないということです。

「相手が自分に何をしてくれるか」、「どのような利益をもたらしてくれるか」ばかり考えて行動していると、依頼者に心から喜んでもらえるような対応はできません。また、そういった精神的な浅ましさは行動の節々に現れてしまうでしょう。その結果として、依頼者から十分な信頼を得られず、縁が途切れてしまうのです。

そうではなく、弁護士は、「依頼者のために自分は何ができるか」を絶えず考えて、提案する癖をつけましょう。

弁護士は、周りを幸せにすることが求められる仕事です。弁護士は、人に対し共感すること・共鳴すること・共振することを求め続けなければいけません。

依頼者の喜ぶ顔を見ることを原動力に、相手のためを思って行動すれば、その誠実さは相手に伝わり、縁も深く長く続いていくようになるでしょう。

寄り添う——経営者の覚悟に寄り添える勇気と決断力が弁護士には必要

◆経営者とともに悩み、ともに決断する

経営者というのは孤独なものです。めまぐるしく変化する社会の中で、企業の向かうべき方向を一人で決めなければならないからです。その決断は多数の従業員や関係者の人生を左右し、万が一失敗した場合には、多方向から容赦ない批判が寄せられることになります。

経営者には、こういった不安を乗り越えて企業を前進させるための強い覚悟と決断力が求められます。そして、その覚悟と決断力を支えることは、顧問弁護士に求められる役割の一つなのです。

私は、数年前に、とある自動車学校の廃校を担当しました。

その学校が廃校を決断したとき、当然ながら、労働組合は大変な抵抗をしました。生徒数の減少により赤字が嵩んでいることは誰の目にも明白であったため、最終的には労働組合の合意を得て廃校とすることができたのですが、経営者は時として断腸の思いで決断しなければなら

ないことがある、ということをあらためて実感した案件でした。

経営者が苦しんでいるとき、側にいてともに悩み、ともに決断する人間がいれば、経営者は味方を得たことを心強く思うでしょう。実態をさらけ出し、本音を語ることができる弁護士がいれば、経営者は孤独ではなくなるのです。

◆経営者を励まし導く

経営者の覚悟と決断力を支えるためには、弁護士にもまた勇気と決断力が必要になります。ただし、蛮勇、つまり無謀な勇気となってはいけません。どのような時でも、時代の流れを読み、冷静に判断することを忘れてはいけないのです。

経営者の悩み相談を受けて顧問弁護士がすべきことは、企業と経営者に対して、法律的な観点や幅広い知識に基づいた確かな安心と安全を提供することです。弁護士が縁の下の力持ちとなって企業と経営者を支え、導きましょう。

この点、親身になって話を聞き、アドバイスをする時、たとえその意見が正論であったとしても、悲観的な見通しを話すと相手がショックを受けることが往々にしてあります。

そういったことを避けるために、弁護士は激励的に話をしなければなりません。悲観的なことは言い過ぎないように気を付けて、上手に励ましながら、経営者が現状を顧みて、反省すべき点は反省し、改善に取り組むことができるよう後押しするのです。

◆経営者を見守り、防波堤となる

弁護士にはまた、経営者が余計なことに煩わされることのないよう、経営者の個人的な生活に関しても、トラブルが起きた際には速やかに解決することが求められます。

小さな子どもは親に見守られているという安心感があると、目の前のことに集中して取り組むことができるといいます。もちろん経営者は立派な大人ではありますが、その置かれている立場から、かかる重圧は大変なものです。時に、右も左もわからない世界に放り出された子どものような心許なさを感じることもあるでしょう。

ですから、弁護士は、経営者が気を散らさずに精神的に安定して経営に当たることのできるよう、経営者を見守り、何かあれば防波堤となるべく行動しなければならないのです。

◆すべては企業の健全な発展のために

このようにして、弁護士が経営者に寄り添い、力強くサポートすることで、経営者は強い覚悟と決断力をもって前進することができ、それにより企業は健全に発展していくことができます。

そして、そのことは弁護士と当該企業との顧問契約を継続し、また新たな顧問契約を呼び込むことにつながるでしょう。

31 顧問契約を継続・拡充する秘訣は何か(3)

情報提供――弁護士という資格にあぐらをかいていては顧問の資格はない

◆先手必勝でトラブルを回避する

法的紛争に至る以前に、あらかじめ法的紛争を予防するための手段を指す予防法学という言葉があります。顧問弁護士には、この予防法学を実現するために、依頼者に対して、危険を察知して情報を提供し、紛争を回避させる義務があるといってよいでしょう。

たとえば、法改正により、従来は問題のなかった事柄が違法となった場合であっても、刑法第38条第3項に「法律を知らなかったとしても、そのことによって、罪を犯す意思がなかったとすることはできない」と規定されているように、法を知らなかったという理由で責任を免れるということはありません。

ですから、顧問弁護士は、そういった事態が起きないよう目を配り、法改正があった場合や行政の通達が出た場合などは、それに関連する事業を行っている企業に対して速やかに告知しなければなりません。

そのために、弁護士は常に勉強し、最新の情報に通じておく必要があります。

企業の体制が古風で、世の中の常識に遅れているような場合は、特に予防法学が大切となります。法改正により新たなリスクが生じる可能性が高いため、弁護士が日頃から留意しておき、新しい情報を手に入れたら、すぐに依頼者に伝えることが必要です。

予防法学においては、先手必勝の精神を忘れてはいけません。

◆情報提供は積極的に

法改正などの有用な情報を依頼者に提供するための手段としては、個別に連絡することがよいのはもちろんですが、事務所ホームページやメールマガジン、広報紙で告知を行うことも効果的でしょう。

私の事務所のホームページでは、「法務Q＆A」というコーナーを設けており、需要が高いと思われるトピックスについて、弁護士が作成したコラムを2か月に1回掲載しています。また、半年ごとに作成して依頼者の方々に配布している事務所広報紙でも、弁護士が近時の法関連ニュースについて解説する「ロー・トピックス」という連載をしています。

さらに、毎月、事務所でセミナーを主催しており、新しい判決や改正法、アンケートで聴講者からの要望が多かったテーマを取り上げ、事務所の弁護士が講義を行っています。セミナーの参加費は、顧問会社の方が、一般の参加者の方の半額になるよう設定しています。

このほかにも、自分が勉強をしている先進的なテーマを題材として、事務所外部から講師の方を招いて講演をしていただいています。

これは、自分の知識をひけらかすために行っているのではなく、積極的に学びの場を設けることにより、事務所とお付き合いのある他分野・他業種の方々の交流が盛んになることを目的として行っていることです。

最近では、「AI」や「企業統治」をテーマとしたセミナーを続けて開催していますが、いずれもその分野の第一人者の方を講師としてお招きしているため、参加者の方々から好評をいただいています。

顧問契約を結んだからといって、単に相談された事項について対応しているだけでは、他の弁護士や士業との競争に勝つことはできず、いずれ契約も解約されてしまうでしょう。

弁護士は、顧問弁護士という地位にあぐらをかかず、自ら動いて依頼者に有用なサービスを提供しなければいけないのです。

依頼者への情報提供はその最たるものといってよいでしょう。

顧問会社の強化――顧問会社の人材を強くするのも顧問弁護士の役割と心得る

◆顧問会社の人材を育てる

顧問弁護士を務めていると、顧問会社から思わぬことで感謝されることがあります。

私の場合、よく言われることの一つに「社員が成長した」というものがあります。

私は、紛争対応に当たる際には、積極的に顧問会社の社員の方たちの協力を求めるようにしています（第1章⑨参照）。そういったときは、社員と上下関係ではなく、対等な関係を築き、チーム一丸となって対処することを旨としています。

なぜなら、弁護士が最初から上に立って話をすれば、専門家であるがゆえに、相手はそれに従わなくてはいけないという雰囲気になります。そうして社員は弁護士の聞き役に回り、自ら発言を控えるようになってしまいます。そのような関係では、紛争解決の手がかりとなる真実の発見に辿り着くにはほど遠くなってしまうのです。

社員は専門家でなくても、顧問会社に所属し、弁護士よりもその会社の雰囲気や事情に通じている存在です。事実を正しく認識するためには、社員の協力が必要不可欠であることを弁護士は忘れずに、社員をチームの大切な戦力として尊重するようにしましょう。

また、チームとして団結するためには仲間意識が必要ですが、私は仲間意識を育てるために、自分で考えなければいけない課題を社員に出すことにしています。

たとえば、私は訴訟に臨むときは、いつも、これからの流れを想定し、その対応策を書面にまとめています。

そこで、社員に状況を整理してもらったり、証人尋問の準備で使用する想定問答の回答案を作成してもらうのです。作成してもらった書面は、社員本人と私とで音読して、内容を精査します。

こういった作業は根気を要する非常に面倒なものです。

しかし、社員は、弁護士とともに準備し、人任せではなく主体的に紛争対応に当たったことにより、紛争解決のための筋道を理解し、その要諦を身に付けることができるのです。

また、弁護士とチームを組んで長い時間をともに過ごしたことで、法律家の考え方を身近に見て学んだり、新しい知識を得ることもできます。

紛争解決後に、経営者や社員本人から「鍛えられた」、「勉強になった」と感謝の言葉をいただけたことも少なくありません。

◆顧問契約に新たな価値を付加する

顧問会社の発展のために、できる限りの貢献をすることは、顧問弁護士の当然の役割です。弁護士は、法律の業務以外のことであっても、自分が顧問会社に何ができるか、どういった点でプラスの影響を与えることができるかを探り、積極的に提供するようにしましょう。

顧問契約にどれだけ価値を付加することができるかは、人気のある弁護士となれるかどうかの重要な分かれ目なのです。

33 解約される場合はどのような場合か

競争社会では解約のリスクは常にある。それに備えた対処も必要である

◆**顧問契約が解約される主な要因**

顧問契約は締結したからといって、顧問弁護士の地位が永久に保証されるものではありません。何かのきっかけで解約されてしまうことも往々にしてあることです。

顧問契約が解約されがちな場面を、以下に挙げます。

① 経営者や担当者の交代　一番多いのは経営者の交代のときでしょう。次に多いのは、人事担当者や労務担当者が代わるときです。

人事の異動による解約を避けるためには、弁護士は、日頃から一党一派とだけお付き合いをするようなことは避けるべきでしょう。派閥に与せず、すべての人に公正な態度で接することが大切です。

また、経営者の交代で経営方針がガラリと変わった場合に、それに対応できないと疎まれることになります。

元の経営者も新しい経営者も、企業の発展を目指すという目的は同じです。弁護士も、ともにこの目的を達成することだけに集中して、元の経営者の方針に固執せず、柔軟に対応するようにしましょう。

② 時勢についていけないとき　弁護士が時勢についていけず、顧問会社に対して的確な指針を示し得ないときにも、顧問弁護士の地位を失うことになりがちです。

ですから弁護士は、新しい情報に接するように絶えずアンテナを張り続け、法令やその解釈が変わったときなどは、いち早くそれについて知識を取り入れるよう努める必要があります。

③ 理念や意見が食い違ったとき　経営者や人事担当者、労務担当者と理念や意見が食い違ったときも、解約される危険があります。

理念や意見の食い違いというのは、往々にして、企業利益と社会的バランス感覚との相違や矛盾によって起きるものです。

そういったときに、弁護士としての公正さを貫けないのならば、辞任も辞さない覚悟でいるべきでしょう。反発しながらも顧問弁護士としての地位に執着すると、「あの弁護士は小うるさい弁護士だ」と悪評が立つだけでよいことは何もありません。

④ メリットを感じられないとき　顧問契約をしたものの、相談することが何もなく、依

頼者がメリットを感じられない、といったようなときも、顧問契約は解約されます。

これを防ぐためには、弁護士は依頼者から相談されるのをただ待つのではなく、仕事を自ら見つける必要があります。

依頼者に話を聞きにいき、トラブルの種が潜んでいないか、また、事業の発展のために弁護士ができることがないかを探るなど、その依頼者先でできる仕事を積極的に見つけ出し、それに対処していくことが有効でしょう。

◆解約のリスクは常にある

このように、顧問契約を解約されるリスクは常にあるため、弁護士は顧問契約を締結したことに満足して気を緩めてはいけません。

依頼者から忌避されたときには潔く辞任することが一番ですが、そういった事態をできるだけ引き起こさないためには、弁護士は常に気を配り、空気を読み、顧問会社の状況やそのときに求められている役割、自分の置かれている立場を把握しておくようにしましょう。

「君子の交わりは淡きこと水の如し」を旨とし、新経営者とも関係を築く

◆節度を持った付き合いで代替わりを乗り越える

本章33でも述べたように、企業の経営者が代替わりするとき、顧問弁護士は契約を解除されるリスクが高まります。

特に、一族で会社を経営しているような場合、親から経営者の地位を引き継いだ子は、何事においても親とは異なった方向を求めがちですが、顧問弁護士についても、これまで依頼していた弁護士ではなく、自分が信用できると思った新しい弁護士に依頼したいと考えることが少なくありません。

こういった事態を避けるためには、「この弁護士は旧経営者の顧問である」というイメージができるだけつかないよう、常日頃から節度を持ったお付き合いを心がけなければいけません。

会社の代替わりの際には何かとトラブルが生じがちです。そのような中、会社の内情に通じており、誰かの立場に偏ることなく会社のために仕事をしてくれる顧問弁護士がいれば、新し

い経営者にとってこれほど心強いことはなく、その弁護士は重宝されるようになるでしょう。

◆淡交のススメ

「淡交」という言葉があります

これは、中国の思想家である荘子の教え「君子の交わりは淡きこと水の如し」（立派な人同士の交際は水のように淡々としているが、長く変わることがない）から生まれた言葉です。

代替わりにより顧問契約が解除されることを防ぐためには、弁護士と依頼者の交わりは淡交であることが好ましいでしょう。要するに、思いやりを持ちつつも、ほどほどの距離を保つのです。

具体的には、まず金銭の貸し借りは絶対にしてはいけません。保証人にならないということも大事です。

また、他の依頼者と比べて格別に親しくならないよう注意しましょう。旅行に連れ立っていき、奢ってもらうなどということは言語道断です。

弁護士というのは、一般の方よりも淡交を心がける必要がある職業です。

ベタベタとしたお付き合いをすれば、そのときは仕事がもらえるかもしれませんが、それは仲良くしている方が要職についている間だけのことです。

また、端から見ると、そういったお付き合いの仕方は気持ちの良いものではありませんので、反感を持つ人も多くなります。

弁護士は、依頼者とは一定の距離を置き、爽やかで信用のできる人物であると印象づけたほうが、長い目で見ると有効なのです。

35 担当者の交代への備えと対応

組織の実情を意識し、後任が予測できない場合でも対応できるようにする

顧問会社の人事担当者や労務担当者が異動となったときも、弁護士は顧問契約を解除されるリスクが高まります。

◆コミュニケーションで契約をつなぐ

担当者の異動に関係なく契約を継続するためには、絶えず気配り・目配りをすることで、次の担当者の予測を立てて、その人とコミュニケーションをとっておくことが大事です。あらかじめ交流をしていれば、担当者が交代しても安心していられます。

後任の担当者を予測することは難しく、必ずしも当たるとは限りません。ですが、大抵の場合は、衆目の評価が一致する人がいるものです。

顧問会社を訪問したり、現担当者とのコミュニケーションを疎かにしないことで、顧問会社の実情を把握し、必要な情報は手に入るようにしておきましょう。

それでも予測がつかず、思いがけない人が後任者となった場合は、その人といち早くコミュ

ニケーションをとる必要があります。

最も良い方法は、就任のお祝い状を出すことです。その中で、「これまで顧問弁護士を務めさせていただきました○○です。今後ともよろしくお願い申し上げます」というように挨拶をして、交流の足がかりをつくりましょう。

近年に執筆した書籍などがあれば、それをお祝い状に添えて送ることも有効です。熱心に勉強をしている弁護士だということがわかってもらえるでしょう。

そして、時機を見て訪問し、直に面識を得ることが肝要です。

◆企業内の派閥とは距離を置く

本章33でも触れましたが、顧問会社とつながりを深めようとして、内部の特定の派閥に与するような言動をすることは、常日頃からしないように気を付けましょう。

先に述べたように人事異動では何が起こるかわかりません。そのような言動をしていると、担当者の交代により、それまでの努力が水泡に帰すことになりかねません。

特定の人に殊更に肩入れせず、満遍なくお付き合いをし、皆に感じ良く接することを心がけましょう。

◆ルーズな仕事は契約を逃す

仮に、親しい担当者との間で、忙しいからといって期限から多少遅れることや小さな仕事を忌避するようなことが許されていたとしても、それはその担当者限りのことです。ルーズな仕事ぶりを見て第三者が不快感を抱いていれば、担当者の変更とともに契約を解除されることになるでしょう。

担当者が誰であれ、そしてその人とどのような人間関係を築いているにせよ、常日頃から馴れ合って仕事に手を抜くようなことは決してしないよう肝に銘じておきましょう。

36 顧問料の改定はどのように説明したらよいか

顧問料の改定は、公平・公正・公明への信頼を基礎とする

◆公平・公正・公明を旨とする

顧問契約を結んだ企業が、当初の見込みとは異なり、相談が多かったり、少なかったりすることは往々にしてあります。

そういったとき、契約料の改定をせずに、相談の多い企業と相談のほとんどない企業から同額の顧問料をもらうのは、適切とはいえません。

そこで依頼者に顧問料の改定を提示する必要が生じますが、契約当初に顧問料を提示するときと同様、これについても、公平・公正・公明を心がけて行わなければなりません。従業員数など詳細な事情を加味して、各依頼者に応じた金額を提示するようにしましょう。

この点、顧問料の改定により依頼者に不信感を抱かせないためには、最初に顧問契約を結ぶ際に、キャップ制を設けておくのも一つの手でしょう。上限を定めて料金を設定し、その上限までは相談時間に応じて料金を請求する、という方法です。

上限が決まっていれば、その限度内での料金の改定があっても、依頼者は「際限なく顧問料を請求されるのではないか」という不安を抱くことはありません。

顧問料の取り決めは依頼者に不信感や不安、不満を抱かせることのないよう、慎重に行いましょう。

◆**納得を得ることが第一**

何はともあれ、一番忘れてはいけないのが、依頼者の納得を得ることです。何となくの同意ではなく、公平・公正・公明な基準に従って決められた料金であることを理解してもらい、心からの同意を得なければいけません。

とりあえずの同意を得たとしても、このプロセスが疎かであった場合、顧問契約は遠くない未来に解消されることになるでしょう。

逆にいうと、手間をかけて、依頼者の疑問や不満を解消したうえで、契約料を改定することができれば、依頼者は弁護士の真摯な対応に胸を打たれて、その弁護士を信頼するようになります。

◆**小さなことの積み重ねが大きな違いを生む**

契約料の改定一つとってもわかるように、顧問弁護士として定着することができるか、すぐに切られる人気のない弁護士になるかの分かれ目は、意外と小さなことの積み重ねであったりします。

弁護士は依頼者とのやりとりの際には、そのことを念頭に置き、依頼者から不信感を持たれることのないよう、また、何かを決定するときは依頼者の納得を必ず得るよう、細心の注意を払って接するようにしましょう。

37 選ばれ続ける秘訣とは何か(1)

顧問会社にファンをつくることを意識する

◆親切心がファンを生む

選ばれる弁護士になるためには、何といっても、自分のファンをつくることです。顧問会社にファンをつくれば、顧問弁護士として定着しやすくなるでしょう。

ファンをつくるためには、相手との相性も大事ですが、弁護士自身の人柄が何より大事です。どのような人柄が求められるかというと、とにかく親切であることでしょう。

相談に応じるにせよ、訴訟対応するにせよ、その根本に相手を思いやる心がなければ、人から好かれることはありません。

見返りを求めずに思いやりを持って相手に尽くして、尽くして、さらに尽くせば、相手側もそれに呼応してくれるようになり、自然に弁護士のファンとなってくれるのです。

◆横着な態度は嫌われる

反対に、人気を失う態度というものもあります。たとえば、横着な態度は、依頼者から一番嫌われます。横着な態度の代表例を以下に紹介します。

① すぐに仕事にとりかからない　まず、受任したにもかかわらず、すぐにとりかからないのは、横着な態度の最たるものといえるでしょう。仕事というのは、まさに受任した時からとりかかるべきであって、明日とか来週と言って後回しにするのは論外です。「時間がないから対応できない」という弁解をいつもしている人がいます。しかし、忙しい人ほど上手に管理して時間をつくり出しているものです。時間が有限であることはいうまでもないことです。時間というのは、限られた中で上手にやりくりしてつくり出すものなのです。「時間がない」という言葉は、自分の無能さをさらけ出すだけなので、決して言ってはいけません。

② 結論を出すのが遅い　また、結論を早く出すことも大事です。状況が複雑で、なかなか把握できない、という状態になることもあります。しかし、依頼者を不安な気持ちのまま長く待たせるようなことはしてはいけません。できるだけ早く見通しをはっきりさせましょう。

これからの時代は、弁護士の問題解決能力がこれまで以上に重視される世の中になります。社会の変化が際立って激しくなっているため、新しい問題が絶えず起こるからです。弁護士には、先例が少なかったり、まったくなかったりしても、素早く問題を解析し、知恵を駆使して解決する能力が必要となります。

③ 十分な調査をしない　回答するにあたって十分な調査をしないことも横着な態度に当たります。一応の回答はするけれど、調べて裏づけをとらない、というのは、対応した内に入りません。

判例を調べる、学説を調べる、そうやって裏づけをとってこそ、初めて真摯な態度で対応したことになります。

また、弁護士の回答した内容に対し、依頼者からさらに質問がきたときは、直ちに回答するようにしましょう。ゆっくり調べてから後日回答しようなどということは許されません。すでに自分が回答した内容については、完全に理解しているということを当然の前提として対応しなければいけないのです。

④ 準備を怠る　十分な準備をせずに事に当たってはいけません。

たとえば、私は、証人尋問には毎回、緻密な調査に基づいた想定問答集を作成し、入念なリハーサルを繰り返したうえで臨んでいました。

弁護士として仕事をするにあたって、手間や労力を惜しむなど言語道断です。面倒でも疲れていても、自分が納得できるまで突き詰めて準備をすることで、揺るがない自信を持って職務を遂行することができるようになるのです。

報酬を追ってはならない、仕事を追え

◆仕事を追えば、おのずから仕事がくる

今の若い弁護士の間では、高い報酬を求めて大型の訴訟を手がけることが流行っているそうです。

大型訴訟は、社会的な注目度も高く、携わる弁護士の数も多いので、勉強になることももちろんたくさんあるでしょう。

私も駆け出しの弁護士であったとき、日本大学（日大）での学生紛争で、100人余りの弁護団に参加した経験があります。

若く、まだ経験の浅い私に割り当てられたのは、コピー係でした。当時のコピーは、「青焼き複写機」といって、アンモニア液を使用するもので、その臭いで目が痛む中、大量の書類にひたすらコピーをかけ続けたものです。それでも、弁護団に参加できたことがとにかくうれしくて、張り切って作業していたことを覚えています。

あるとき、理事学部長会に出席するよう弁護団に要請があり、私も人数合わせで出席することとなりました。日大の役員がずらりと並んだその会の中で、私が、「この紛争を収束するために、理事は総退陣すべきである」と発言したところ、役員たちは非常に憤慨しました。

しかし、最終的には私を信頼してくださり、大衆団交の回答書の作成を任されたのです。そして、古田重二良会頭が、私が作成した回答書を読み上げて辞任し、日大紛争は終結に至りました。

このように、私は大型訴訟に参加したことで、貴重なチャンスをつかみ、弁護士として大きく成長することができました。ですから、成長を求める若い弁護士が大型訴訟に参加することは、大いに推奨したいところです。

ですが、報酬を得ることを目的として大型訴訟に参加するというのは、間違っています。報酬の良い仕事が、必ずしも能力が身に付く仕事であるとは限りません。時には、小さい仕事であっても、大きな仕事を担当するよりもはるかにたくさんの学びを得ることもあります。若いうちから報酬だけを目的として仕事を選別していると、こういった貴重な機会をどんどん逃すことになります。ですから、弁護士は報酬で仕事を選ぶようなことはしてはいけないのです。

私の好きな言葉に、「仕事を追えば、おのずから仕事がくる」という言葉があります。目先の報酬よりも、やりがいを求めて仕事をすれば、能力が身に付き、仕事も報酬もおのずから集まってくるようになるのです。

なお、「報酬が欲しい」ではなく「昇進したい」という意欲は、似ているようで大いに違いがあります。

人の上に立つためには、人より優れていなければいけないため、昇進を目指すことは、自覚的な成長を促す原動力となります。それは、自分を向上させることにつながるでしょう。

◆新鮮味を求めて仕事をする

優秀な弁護士になりたいのであれば、既存の知識だけでは対応できない新しいジャンルの仕事にも果敢に挑戦していかなければなりません。

また、たとえそれが見慣れたものや小さいものであっても、「処理する」ではなく「仕事をする」という意識を持って向き合うことが大事です。

流れ作業的に仕事に取り組んでいたのでは、弁護士として成長することはできません。常に、新しい何かを学ぶのだという意識を持って、目の前の案件に取り組むようにしましょう。

そうした日々の積み重ねにより、弁護士は確かな能力を身に付けることができます。それはやがては大きな仕事・たくさんの仕事につながっていくでしょう。

39 選ばれ続ける秘訣とは何か(3)

組織のエンジンとなって選ばれる弁護士事務所づくりに努める

◆組織は弁護士を成長させる

一人の弁護士が、自分だけで己の限界を超えて能力を伸ばすことは難しいものです。ですが、違ったアイディア、違った考え方を持つ人間が二人以上いれば、互いに協力し合い、刺激し合って、困難を克服することが可能になります。

ですから、組織の中で活動することは、弁護士にとって非常に大事です。競争力のある弁護士になるためには、二人の組織、三人の組織、というように、小さくても組織をつくる必要があるのです。

この点、人に支えられることを拒否して、弁護士やスタッフを雇わずに仕事をしている孤独な弁護士もいます。人を雇用するということは、いろいろな面で気を遣うから、煩わしいと思うことも当然ありますが、それでは弁護士として飛躍的に成長することはできません。

人の集合体である組織を駆使してこそ、より大きな成長が望めるということを弁護士は理解しておく必要があります。

◆事務所のエンジンになる

事務所の経営者は、熱意を持って仕事に取り組むのはもちろんですが、熱意を持って事務所経営にも取り組みましょう。

他人に責任を転嫁せず自分で責任をとること、絶えず先を見て方向性を決めること、自分自身だけでなく部下にも方向性を与えること、成果が上がったときには、自分の成果として誇らず総員の成果として喜ぶことが大事です。

私は、事務所において、エンジンの役割を果たすことを意識しています。経営者である私の指示があって、事務所全体が、初めて方向性を定めて前進することができるので、その責任は重大です。

しかし、私は、経営者の義務としてエンジン役を果たしているのではなく、事務所の存在意義を実現し続けるために率先してエンジン役となることを自らに課しています。

また、経営者が規範となることも、事務所が打って一丸となるためには必要です。

経営者は、道理・道義・道徳に反する行為をしないように努めることはもちろんですが、消極的、非協力的、対抗的な行動をしてはならないということも肝に銘じましょう。

たとえば、私は、事務所創設時から、自分自身のスケジュールを所員にオープンに公表することを旨としてきました。部下が私のスケジュールを見て、今何をしているかがおよそわかるようにしたのです。

そうすることで、部下は私の仕事の仕方や仕事量がわかり、おのずから頑張るようになります。また、私自身も、自分の行動に自覚的になりますし、偏った行動はしないように気を付けるようになるのです。

◆すべてが思いどおりになることはない

事務所の経営において、いつも思うのは、「思いどおりにならない」ということです。

もちろん思いどおりになることも時にはありますが、そういったことは稀で、多くは思いどおりにならないことばかりです。

私は、事務所の秩序が取れていて、少なくとも前進しているという実感があれば、それで良しと思うようにしています。

大事なのは絶えず前進することです。すべてが思いどおりにならないからといって、そこで止まってはいけないのです。

40 弁護士の世代交代で信頼をつなぐには(1)

このリスクは常に覚悟して、事務所の経営に気を配ることが重要である

◆弁護士の世代交代に耐え得る絆を築く

今まで頻繁に相談をしてきた依頼者とのつながりが切れる、また、顧問契約が切れる原因の一つとして、弁護士の世代交代が挙げられます。弁護士事務所の中で上手に世代交代ができていないと、依頼者はそれまで馴染んでいた弁護士が引退した際に、他の弁護士事務所へ移っていってしまいます。

中国古代の政治論集である『管子』に「1年先のことを考えるなら種をまけ。10年先のことを考えるなら木を植えよ。100年先のことを考えるなら人を育てよ」という言葉が記されています。

これを弁護士事務所の経営に当てはめると、「種をまく」は営業、「木を植える」は勉強、そして「人を育てる」は後輩の育成ということになるでしょう。

弁護士事務所が長く生き残るためには、営業よりもまず、弁護士の育成が最優先事項である

ことを忘れないようにしましょう。若手の弁護士が育っていないのに営業だけに力を入れていると、弁護士の世代交代に耐えられず、いずれ事務所は衰退することになります。

◆独立した弁護士に顧問契約が移ることを防ぐ

大事に育てた弁護士が、力を付けて、独立したり、他の事務所に移籍したときに、それまでその弁護士が担当していた顧問会社が一緒に新たな事務所に移っていってしまうことがあります。

そういったことを防ぐためには、顧問会社の対応を担当弁護士一人に任せきりにしないこと、折々の挨拶は事務所の経営者が行うことを徹底するとよいでしょう。

また、たとえば、担当弁護士以外の弁護士が書籍を執筆した際にも顧問会社に贈呈して、「この事務所の弁護士は総じて能力が高い」ということを認識してもらうことも有効です。

担当弁護士との付き合いが深くなった顧問会社が事務所の存在を忘れてしまうことのないよう、日頃から気を配っておくことが大切です。

41 弁護士の世代交代で信頼をつなぐには(2)

部下を育てて事務所を強化する

本章40で述べたように、弁護士事務所の生き残りのためには、優秀な部下の育成が必要不可欠です。弁護士事務所の経営者は部下の育成にも力を注がなくてはなりません。

◆部下を育成する

以前、リンゴの苗木を購入しようと青森県の黒石植物園を訪問した際に、リンゴの苗木は密集させて植えなければいけないという話を聞きました。

密集させて植えて、その中での競争に負けた苗木は、掘り起こして別のところに植える。そこで勝つことができれば、その苗木はその場所に落ち着けるのですが、そこでも負けてしまうと、さらにまた負けた苗木を集めた場所に密集させて植える、ということを繰り返すのだそうです。

そのようにしてストレスを与えることで、より立派なリンゴの木が育つという話でした。

部下の育成もこれと同じで、競争もストレスもなく、ただ仕事を与えていたのでは、成長を促すことはできません。集まって競い合い、時にはストレスを感じても、それを乗り越えた時に本物の立派な弁護士になれるということを目途として、大切に育てていかなければいけないのです。

ストレスの例を挙げると、忙しくなるよう仕事を振り分けることもよいでしょう。

なぜならば、仕事が忙しければ、人は、頭や口、心や手足をフル活動させなければならなくなります。それは、人間の能力をより活性化させるのです。

つまり、弁護士も、忙しくしてこそ、実力が身に付くということです。忙しいから新しい仕事は嫌だという人は、向学心や向上心がないと判断されても仕方ありません。

また、私は、事務所の弁護士たちに、執筆をするように、それもできれば共著でなく、単著を執筆するように、と言い続けています。これは、弁護士それぞれの中に改革の精神を培うための方策です。

自分には到底できないと言って、チャレンジ精神を失っては、より良いものを求めて改革を重ね、成長していくことができなくなってしまうため、あえて難しいことに挑戦するよう発破をかけるのです。

◆人間性を見極めて各々にあった指導をする

部下の指導を行うにあたっては、それぞれの人間性と能力を見極めることを忘れてはなりません。

部下の中には、困難に尻込みしたり、できないことにチャレンジする者もいます。そういった個々の性質を見極めて、それぞれに合った指導をすることが大切です。

時に、自信を持ちすぎて有頂天になる者がいますが、そういったときは、その部下より能力の高い者と共同で仕事をさせ、自分より優れた人間がいることを確認させることが、部下の暴走を防止する方策として有効です。

また、部下を褒めることと叱ることは経営者の重要な務めの一つです。褒める・叱るという行為は、より発奮させる、あるいは反省させることを目的として行うものです。

ですから、感情に任せて褒めたり叱ったりするのではなく、どの程度発奮させるのか、反省させるのかということを明確にしたうえで、褒める・叱るという行為を誰がどのように行うのかを決めなければなりません。

上手な褒め方としては、たとえば、仕事がうまくいったときに、「君のおかげだよ」と部下を労うことを忘れないようにしましょう。

仕事が成功したときは、誰しも自分の手柄だと思うものです。上司も例外ではありません。

しかし、そういった上司の気持ちを抑えて部下の功績を褒めれば、部下は奮い立ち、次なる功績を求めて積極的に仕事をするようになるでしょう。

反対に叱るときはどうすればよいかというと、叱った後にリカバリーショットを打ってフォローすることが重要になります。叱るだけでは叱られた者は委縮してしまうからです。叱り役の人は、嫌みのある叱り方をしないように気を付けなければいけません。また、戒めたり罰したりするだけではなく励ましを含めること、そして一度叱ったら、後はさっぱりした態度で接するようにしましょう。

42 顧問契約が切れた依頼者とどのように付き合うか

解約は信頼関係獲得のスタート地点として、紳士的に付き合う

◆顧問契約が終わるとき

顧問契約も、いつかは終わりがきます。

相手に必要性がなくなったとき、こちらが必要性に応えられなくなったとき、また、必要性はあるが経済的に維持できなくなったときなど、理由はさまざまです。

顧問契約を解約されたときに、どうやって対処すべきかというと、まず、未練がましく追いかけるのは意味がないのでやめましょう。相手がすでに決定したことですから、継続するよう説得しても仕様がありません。追いすがると心証を悪くするだけなので、相手の意思を尊重して、きっぱりと引き下がりましょう。

◆顧問契約の解約は新たなスタート地点

世の中には、顧問契約が解約されると、かつての依頼者を途端に邪険にする弁護士がいます。

しかし、そういったことをしていては、事務所の発展に資さないどころか、反感を買って妨

害されるなど、事務所の衰退を招くことにもなりかねません。

顧問契約が切れた会社には、切れたからといって冷淡にするのではなく、変わらずに紳士的な対応を続けることが非常に大事です。挨拶状やメールマガジン、広報紙などを引き続き送りましょう。事務所弁護士の著書が刊行された際に謹呈するのもよいでしょう。解約されても、親切に対応し続ければ、何かの折に第三者に紹介してもらえたり、後々、顧問契約が復活することもあるのです。

要するに、顧問契約を解約されたからといって、「あんなに尽くしてやったのに、契約を切るとは不届き千万だ」などと感情的になって、恨まないことです。依頼者には、それなりの理由があって顧問契約を解約したのだと冷静に受け止めて対処することが必要です。

そして、解約された理由がわかり、それが当方の非によるものだった場合は、真摯に反省し、改善できるところは改善して、今後の活動に活かすようにしましょう。

営業の結果が出なかったときにも、同じように考えるのです。時間や労力を費やして働きかけた営業が成果に結びつかなかったとしても、過度に落胆したり、相手にしつこくすがったりしないことです。丁寧なお礼状を出すなどして、謙虚に振る舞いましょう。

そうすれば、相手が、「申し訳ないことをしたな。次回チャンスがあったときには、チャンスを与えてあげたいな」と思い、次の仕事につながることがあります。

顧問契約解約の不安は、弁護士事務所の経営においては付いて回るものですが、経営者にできることは、その不安に飲み込まれることなく、顧問契約を継続・拡充できるよう日頃から務めることだけです。

そうして顧問契約の解約に伴う不安や恐れを受け止めて、自信満々とはいわないまでも、克服する努力をする以外にないのです。

第4章

顧問契約を超えて

43 顧問契約と営業との関係はどのように考えるべきか

顧問契約の獲得・継続こそ営業の真髄である

◆営業とは偶然と奇跡の連続である

営業とは、行動が必ず結果につながるような単純明快なものではありません。偶然と奇跡の連続により成り立つものです。

しかしだからといって、何もせずに仕事が転がり込むのを待っていてよいわけではありません。

営業で結果を出すためには、偶然を必然にするために努力し、奇跡を平常にするために努力することが必須なのです。

◆弁護士の営業の真髄

本書ですでに述べてきたように、顧問契約を獲得し、継続するためには、弁護士としての知識や能力があることはもちろん、魅力的な人柄であること、多岐にわたる事柄に興味を持って取り組むこと、弛まぬ努力を重ねることが求められます。

具体的にはまず、いかなるときも誠実であることを心がけ、相手に親切に接することを旨としましょう。

そして、自身の人間性に深みを持たせるために、弁護士業以外の分野にも幅広くアンテナを張って情報を取り入れ、フットワーク軽くいろいろな場所を訪ねたり、趣味を持ってそれに専心することも大事です。

人やものに興味をもって接し、豊富な知識を備え、明るく、にこやかに振る舞う人間は、いるだけでその場を華やかにします。

人気のある弁護士となるためには、そういった、人を惹きつける「華」が必要でしょう。

また、豊富な情報を集め、依頼を呼び込むために、弁護士は積極的に外に出ていき、異業種の方や異なる年代の方たちと幅広く付き合うことも大事です。

一人の弁護士が営業先として開拓できる範囲は限られています。しかし、多種多様な方と付き合うことで、多方向から依頼を呼び込むことができるようになるのです。

そして、依頼を受けたら目の前の仕事に真摯に取り組まなければいけません。そうすることで、依頼者の信頼を勝ち得、スポット契約を顧問契約へと移行させることが可能になります。

依頼者と丁寧なコミュニケーションをとり、不安を取り除くことや、依頼者のニーズを読み取って求められるサービスを自ら提供することも、顧問契約の獲得・維持のためには欠かせません。

さらに、日々変化する社会情勢についていくため、また、時代を先取りするために、自分の専門分野のみならず、世情についても目を配り、勉強し続けることも重要です。

顧問契約の獲得・継続は、このような弁護士の魅力や能力、努力、つまり総合的な人間力があってこそ成し得る、弁護士の営業の真髄です。

そういった意味で、弁護士は、顧問契約を獲得し、それを継続してこそ、初めて一人前の弁護士であるといえるでしょう。

44 経営者との信頼関係とはどのようなものか

助言の前の相談の段階にあずかれるかどうかが信頼のバロメーターと考える

◆信頼関係がなければ相談されない

昨今の弁護士は、顧問弁護士の役割はリーガルサービスを提供するだけ、ととらえている人が多いようですが、先の章でも述べたように、経営者からの相談を受けてアドバイスをするのも顧問弁護士の重要な仕事であることを忘れてはいけません。

経営者というのは、常に孤独なものです。企業の行く末にかかわる重大事の決断を一人でしなければいけないからです。ですから、ともに悩み、ともに決断する人を欲している経営者は多いのです。

しかしだからといって、よほどの信頼関係がなければ、経営者が顧問弁護士に相談することはないでしょう。信頼されていない顧問弁護士が、「悩んでいることがあれば、何でも相談してください」と言ったところで、冷笑されるのがオチです。そういったことは、長年の付き合いの中で、相手がおのずから信頼に値する人物か評価をするもので、こちらから押し売りをするものではありません。

顧問弁護士は、経営者に適切なアドバイスをするためにも、経営者が実態をさらし、本音を語ることができるように、常日頃から経営者との信頼関係を築いていなければいけません。

逆にいえば、経営者から相談されているのであれば、顧問弁護士として十分に信頼してもらえていると考えてよいでしょう。

◆話を聞くだけでよいこともある

また、相談とは、助言を求める行為ですが、時には助言をするのではなく、聞き役に徹するだけで十分なこともあります。聞き役に徹して、経営者の心を受け止めるのです。

悩みを聞いただけで、何かが解決するわけではありませんが、人は不安に押しつぶされそうな時やフラストレーションが溜まったときは、心の内を吐き出すだけで安堵したり気持ちが軽くなったりするものです。

そういった時には、具体的なアドバイスは提示せず、話を聞き、シンパシーを示すだけで経営者は満足し、経営者と顧問弁護士の絆は深まるのです。

◆安心と安全を提供する

いずれにせよ、経営者の相談を受けて顧問弁護士がすべきことは、企業と経営者に対する安心と安全を提供するということです。

不安に駆られがちな企業と経営者に対し、顧問弁護士が、いつでも相談相手がいるという安心感や悩み事に対する正しい対処法といった安全を提供できれば、経営者は心を落ち着けて執務に当たることができ、その結果、企業は健全に発展していくことができるようになります。

そしてそれは、顧問契約の継続にもつながるでしょう。

日頃から信頼される顧問弁護士だからこそできるケアがある

本書の最終校正を行っている2020年5月、新型コロナウイルス感染症（COVID-19）が世界中で猛威を振るっており、日本全国で緊急事態宣言が発令されるなど、近年類を見ない事態となっています。

企業と顧問契約を締結すれば、このような疫病や自然災害、テロなどの非常時にも、顧問弁護士としてその職務を全うする義務が生じるということを弁護士は肝に銘じておきましょう。

◆常日頃からの予防

企業は、収益を上げなければいけないのはもちろんのこと、従業員の雇用や、その事業活動を通じて、社会経済活動の一端を担っています。ですから、緊急事態であっても簡単にその機能をストップさせるわけにはいきません。状況を慎重に判断しながら、できる限り活動を継続しなければいけないのです。

BCP（Business Continuity Plan の略称。事業継続計画）という言葉があります。

内閣府ホームページでは、「災害時に特定された重要業務が中断しないこと、また万一事業活動が中断した場合に目標復旧時間内に重要な機能を再開させ、業務中断に伴う顧客取引の競合他社への流出、マーケットシェアの低下、企業評価の低下などから企業を守るための経営戦略」と定義しています。

このBCPの策定は、現時点では完全に浸透しているとは言い難いですが、今回のコロナ禍でその必要性を実感した企業は、企業の規模を問わず多いのではないでしょうか。

今後、弁護士は、緊急事態において顧問会社が受けるダメージを最小限にするために、あらゆる事態を想定してBCPを策定することが求められるようになるでしょう。

また、緊急事態下で顧問会社からの連絡を受けて対応するためには、弁護士事務所自体のBCPも重要です。

資料の保管方法やテレワーク等について、通常時から備えることで、非常時には状況に沿ってスムーズに体制を移行し、業務を継続できるようにしておくことを忘れてはいけません。緊急事態の状況によっては、顧客会社との緊急の連絡方法を取り決めしておくことも必要になるでしょう。

◆現在生じている問題のケア

実際に緊急事態に陥った際には、まずはその時点で顧問会社が抱えている問題点をヒアリングし、これに対するアドバイスをしなければいけません。初動対応の遅れは、企業にとって、大きな損害や信用の低下につながりかねません。ヒアリングとアドバイスは迅速に行いましょう。

たとえば、勤務形態の変更、社員の心身の安全と健康に気を配った対応をすること、その間の給与の支払いについて取り決めをすること、社内外に向けた問い合わせ・相談窓口を設置し、これを周知することなどが主な対応として挙げられるでしょう。こうした対応へのアドバイスも、社員の勤務形態や取引先等について日頃から情報を得ている顧問弁護士なら、的確に行うことができ、顧問会社の経営者や担当者も、安心して相談することができます。

また、経営者は、非常時には会社の行く末を普段以上に案じ、大きな不安に襲われる可能性があります。顧問弁護士は、常日頃から経営者とお付き合いをして相談に乗っていますから、経営者の不安の所在を理解することができます。弁護士は、そういった不安にも配慮し、経営者の負担を少しでも減じることのできるよう目を配って、必要であればケアをするようにしましょう。

非常時がいつまで続くのか、その渦中にいる人間にはわかりません。しかし、少しでも見通しを立てられるよう、政府等の発表をこまめにチェックして情報をインプットし、それに基づいた適切な対応を提案することも肝要です。

◆緊急事態を脱したら

このように、ＢＣＰの策定や、状況に応じた細かなケア、先を見据えた対応を弁護士がとることで、顧問会社は緊急事態において受けるダメージを大きく減らすことができるでしょう。

そうして緊急事態を脱した際には、顧問会社がダメージをリカバーしながら、再び事業発展の軌道に乗ることができるよう、顧問弁護士としてさらに力を尽くしましょう。

46 すべての事柄はつながっていることを常に意識して業務を行う

◆社会貢献を第一の目標とする

昨今は企業の社会的責任（CSR）ということが盛んに言われていますが、これは、企業というものは利益だけを追求するのではなく、社会に貢献することを目標とすべきであるという考え方です。

社会に貢献するためには、企業は社会に歓迎される存在でなければなりません。それには企業の事業自体が社会貢献に資するものであることが必要なのは言うまでもありませんが、それのみならず、企業が社会人として社会に関与し、社会に寄与し続けることも不可欠です。

弁護士や弁護士事務所もこれと同様です。第1章[1]でも述べたとおり、弁護士法第1条（弁護士の使命）に、第1項「弁護士は、基本的人権を擁護し、社会正義を実現することを使命とする」、第2項「弁護士は、前項の使命に基き、誠実にその職務を行い、社会秩序の維持及び法律制度の改善に努力しなければならない」と規定されているように、弁護士は、単に自分の利益を求めるだけではなく、社会人としてその実力に応じた社会貢献活動を行うことが求められる職業です。

法的なトラブルや紛争があれば、社会の一部が停滞したり、時には死滅することもあります。弁護士は、依頼者である企業や個人とともにトラブルの解決に当たりますが、その前提として、トラブルの根本原因となっている社会問題をよく理解し、それに相応しい対応をしなければなりません。これを間違うと、社会の流れや世論が間違った方向に進み、ひいては日本社会全体が停滞することになります。

私の事務所は、人事労務を専門に扱っている弁護士事務所ですから、社会貢献をより意識する必要があります。

「企業は人なり」というように、企業の最重要資源は人です。人事労務を専門としているということは、日本経済に影響を与える重要な役割を担っているということです。

たとえば、新しい事業が起こるときであったり、古い事業が斜陽化して死滅するとき、リストラを実施するときなど、弁護士として時代に沿った適切な対処をすることで、社会の発展に貢献できるよう努めなければいけないのです。

◆すべての事柄はつながっている

弁護士は、その存在意義を果たすために、法律や法曹というのは特別な世界ではなく社会の一部であるということを認識して然るべきです。自身の職業や仕事に誇りを持つことは大切ですが、決して唯我独尊になってはいけません。

そして、すべての事柄はつながっているということを念頭に置いて、あらゆることに関心を持ち、あらゆることに自分の意見を持つことが、社会に貢献できる弁護士になるためには一番大切だということを忘れないようにしましょう。

47 ＡＩ時代に求められる顧問弁護士とは

ハイタッチの精神、そしてＡＩを恐れずに新たな仕事を開拓していく精神が必要となる

◆来るべきＡＩ時代に備えて

昨今ＡＩの進化が著しいことは皆さんよくご存じかと思います。買い物をしたり、エアコンやテレビの電源をつけたりするのも、ＡＩに一言話しかければ済むという時代がすでにきています。将来的には、車の運転や簡単な接客などの仕事がＡＩに取って代わられることが予想されていますが、弁護士の仕事も決して例外ではなく、ＡＩが弁護士の強力なライバルとなる日はすぐそこまできています。

たとえば、２０１６年には、アメリカの法律事務所がＡＩ弁護士「ROSS」と契約したことがニュースになりました。ROSSは、投げかけられた質問に対し、膨大なデータベースから根拠となる法律や証拠を収集したうえで、結論を回答してくれるＡＩで、最新の判例を読んだり、弁護士とのやりとりを通じて学習し、成長していくといいます。

また、昨年（２０１９年）８月には、韓国で弁護士とＡＩによる、労働契約書の中身を検討し、

法的問題点を探すことを競うコンテストが行われたそうです。このコンテストでは、弁護士のチームと、弁護士とＡＩの混合チーム、法律家でない人間とＡＩの混合チームの計12組により、いかに早く正確な解答が導き出せるかが争われました。

結果は、弁護士とＡＩの混合チームが圧倒的大差をつけて1、2位を独占し、また、3位に入ったのは法律家でない人間とＡＩによる混合チームだったそうです。

日本でもすでに弁護士ドットコム株式会社が「交通事故過失割合 Chabot（チャットボット）」という、オンラインで対話型の質問に答えることにより、交通事故におけるおよその過失割合を把握できるソフトを開発して無料で提供しており、今後、弁護士業界でもＡＩ活用化の流れはますます高まっていくでしょう。

弁護士資格を持っていない訴訟当事者がＡＩの力を借りて自らを弁護するなどということが、近い将来当たり前の光景となるかもしれません。

◆ハイタッチの精神はなくならない

では、弁護士の仕事が完全にＡＩに取って代わられる日はくるのでしょうか。

私は、かねてより、ハイ・テクノロジー化が進む社会においても、ハイタッチ（心の触れ合い）の精神は大事であると述べてきました。

人というのは、短時間で導き出される正論を常に必要としているわけではありません。経営者が心細くなり相談相手を欲したとき、社員間の紛争で傷ついた社員が助けを求めるとき、AIが機械的に処理する正しい回答を人は本当に求めるようになるでしょうか。答えは、否であると私は思います。

依頼者の些細な表情や仕草から考えや感情を読み取って、それに寄り添うことは、生身の弁護士にしかできません。そして何より、弁護士には社会貢献をするという意識が必要であるということを述べてきましたが、AIはこういった志を持つことはできないでしょう。

◆AI時代は新たな仕事が生まれるチャンス

人間的な機微を要する判断や暖かみのある対応、発想力という点では、まだAIは人間の敵にはなりません。しかし、機械的な処理のみで済む仕事はAIでも十分対応可能となるため、今後、弁護士の仕事は確実に減っていくでしょう。

これから本格的に到来するAI時代に備えて、弁護士が生き残るために何をすべきかというと、まずAIを目の敵にしたり、忌避したりせずに学ぶことです。

AIを有効に活用できれば、時間を短縮し、正確性を担保できます。それまでそこにかけていた労力や時間を別のことに注げるようになるのです。AIにはどのような特性があり、何ができるのか、AIを活用すればどのようなことが可能になるのか、積極的に勉強しましょう。

そして、AIが既存の弁護士の仕事を早く正確にこなすのであれば、弁護士は時代の先を読んで、新しい仕事を見つけるのです。

たとえば、本格的にＡＩ時代に突入すれば、法律も大きく変わり、ＡＩ法といった新たな法が制定されることもあるでしょう。こういった分野につき、いち早く学び、論文を発表したり、依頼者にサービスを提供することができれば、その弁護士は当分の間人気のある弁護士となることができそうです。

一歩進んで、専門家と提携して、自分が専門としている分野でニーズのあるＡＩを開発することを目指してもよいかもしれません。ＡＩそれ自体で利益を出せるような大がかりなものでなくとも、そのＡＩが広告の役割を果たし、新たな依頼者を呼び寄せることができるでしょう。

来るＡＩ時代においては、弁護士は、人間的な感性を大切にしたうえで、半歩先、一歩先を読んで、ＡＩを活用した新しい仕事を積極的に開拓する精神がなければ、生き残ることはできないでしょう。

48 依頼者にとっての顧問はどうあってほしいか

なくしてわかるありがたさ、親と健康と顧問弁護士と言われたい

◆理想像を目指した先に

弁護士は、理想像を掲げなければなりません。

最終的に、掲げた理想像に達しないことがほとんどだと思います。

しかし、理想像を目指して行き着かなかった先と、何気なく弁護士を続けて行き着いた先とどちらのほうが良いかといえば、理想像を目指して弁護士生活を送るほうが、自分の歩みに確かな実感を得ることができ、弁護士という職業の醍醐味を味わうことができるでしょう。

◆信頼関係を築くために

顧問契約を獲得することを旨として弁護士事務所を経営してきた私の理想は、依頼者にとってなくてはならない存在になることです。

そのためには、依頼者に、単なる金銭勘定を超えて得になる人物だと思ってもらうことが必要です。金銭勘定を超えて得になるとは、心からの信頼関係を築くということです。

そういった関係はどのようにして生まれるかといえば、まずは嘘を言わないことです。そして、誠実に相手に接することが大事です。

そのうえで、以下に挙げる事柄を常に念頭に置いて、実践するように心がけましょう。

① 何はともあれ依頼者に安心感を与えなくてはいけません。依頼者に寄り添って話を聞き、依頼者の決断を後押しできるような存在になりましょう。

② 依頼者には、上から目線ではなく、対等に接しましょう。法律用語を用いてわかりにくい話をするのではなく、平易な表現で誰でも理解できるように話しましょう。

③ 早期に問題を解決することが肝要です。依頼者の相談や依頼には敏捷に対応しなくてはいけません。

④ 突然のトラブルに、依頼者は焦ったり、落ち込んだりしがちです。依頼者を励まし、元気づけるよう心がけましょう。

⑤ できるだけ依頼者の意思を尊重しましょう。専門知識を持って、依頼者の意思を押さえつけるようなことはしてはいけません。

⑥ 依頼者の会社の歴史を学び、その将来に関心を持ちましょう。会社の発展を心から願うようでなければいけません。

⑦ 折に触れていろいろな現場を訪問し、依頼者と積極的にコミュニケーションをとりま

しょう。お互いをよく知ることで信頼関係が深まります。

⑧ 私心に囚われず、依頼者の利益のために行動しましょう。依頼者からの相談事が自らの専門性とかけ離れた案件であったときには、その分野で力のある弁護士を惜しまず推薦しましょう。

⑨ 常に成長することを心がけましょう。依頼者の求めるサービスを提供できる弁護士であり続けるために、欠かすことなく勉強を続けましょう。

⑩ 顧問料は、公平・公正・公明を旨として定めましょう。依頼者が納得できず不満に思うようなことがあってはなりません。

私の究極の理想像は、依頼者に「なくしてわかるありがたさ、親と健康と顧問弁護士」と言われるような弁護士になることです。依頼者にとってそういった存在になることができれば、弁護士冥利に尽きるというものです。

あとがき

冒頭「はしがき」でも述べたとおり、以上で「弁護士の戦略」シリーズは完結です。

本書の執筆にあたり、『弁護士の経営戦略』『弁護士の情報戦略』と、前2作品に目を通してあらためて気づいたのは、やはり私が最も大切する理念であり、読者の皆様に伝えたいと思うのは、「社会貢献をしてこそ弁護士という職業に価値が生まれる」ということです。

私は、2020年5月9日に83歳の誕生日を迎えました。26歳で弁護士になって57年、仕事をしながら、折に触れて、「自分がこの世に生まれてきたのは、何のためであったか」と考え続けてきました。

そうすると、いつも、私は自分一人で生きてきたのではなくて、周囲の皆様に支えられて生きてきた、社会の中で生きてきた、だから社会にお返しをしなければならない、という気持ちになります。

まさに、自己実現をしつつ社会にお返しをする、つまり社会貢献する、ということが私の生きている意味なのです。

ですから、私が弁護士活動するにあたっては、いつも社会を良くするようにという意思が根底にあり、そしてそれにより、私心・邪心を離れて公明正大に生きようとする意思がより強くなっていったのではないかと思います。

そして、弁護士事務所の経営にあたっても、そうした意思があったからこそ、経営理念というものが生まれ、それに共感した弁護士や依頼者の方々が集まってくださったのです。

本書を読んでくださった若い弁護士の皆様には、ぜひ、このことを念頭に置き、何をすれば社会貢献を実現することができるのか、まずはじっくりと体系立てて考えたうえで、簡単にできることから一つずつでも実践していかれることをお勧めします。そうして日々を積み重ねていけば、必ずや実り多い弁護士人生を送ることができるでしょう。

最後に、本「弁護士の戦略」シリーズの執筆を通して、株式会社民事法研究会の田口信義代表取締役と田中敦司取締役編集部長には、大変お世話になりました。お二人は、私を助け、時に励まし、心の支えとなってくださいました。この場をお借りして御礼申し上げます。

また、本書あとがきを書いている2020年5月16日現在、新型コロナウイルス感染症（COVID－19）が世界各国で猛威を振るっています。

現時点で終息までの道筋は見えておりませんが、そのような中、最前線で患者の方々と対峙されている医療関係者の皆様や、対策を講じられている行政機関の皆様、日々の仕事に従事し、日本を支え続けている皆様に、深く敬意を表するとともに、皆様が無事この災禍を乗り越えられますことを心より祈念申し上げます。

髙井伸夫

弁護士の営業戦略――「顧問契約」を極めることが営業の真髄

令和２年６月17日　第１刷発行

定価　本体 1,700円＋税

著　者　高井　伸夫
発　行　株式会社　民事法研究会
印　刷　株式会社　太平印刷社

発行所　株式会社　民事法研究会
〒150－0013　東京都渋谷区恵比寿３－７－16
〔営業〕　☎03－5798－7257　FAX 03－5798－7258
〔編集〕　☎03－5798－7277　FAX 03－5798－7278
http://www.minjiho.com/　　info@minjiho.com

ISBN978-4-86556-367-2　C2032　¥1700E
組版・デザイン／民事法研究会（Windows10 64bit+InDesign2020+Fontworks）
落丁・乱丁はおとりかえします。